AF317839

AFFAIRE

DE

LA RUE DES PROUVAIRES.

IMPRIMERIE ET FONDERIE DE A. PINARD,
QUAI VOLTAIRE, N° 15.

DÉFENSE

ET

RÉPLIQUE

DEVANT LA COUR D'ASSISES,

POUR

M. DE VERNEUIL, MÉDECIN,

ET

M. DUTILLET,

ANCIEN SERGENT-MAJOR DE LA GARDE ROYALE.

PAR Mᵉ HENNEQUIN, AVOCAT.

PARIS,

GABRIEL WARÉE, LIBRAIRE,
QUAI VOLTAIRE, 21.

1832.

AFFAIRE
DE LA RUE DES PROUVAIRES.

DÉFENSE

ET RÉPLIQUE

DEVANT LA COUR D'ASSISES.

23 JUILLET 1832.

MESSIEURS,

La responsabilité des actions humaines se calcule et doit se calculer sur l'intensité, sur la persévérance de la volonté : c'est donc avec une profonde justice que les lois ont proportionné les pénalités au nombre, à la difficulté des obstacles qu'il a fallu surmonter pour arriver jusqu'au crime. La législation qui vous occupe en ce moment m'offre le moyen de préciser ma pensée. Un homme se trouve sans bienveillance pour le gouvernement sous l'empire duquel il vit : cet homme n'est pas encore un conspirateur, il n'est peut-être pas destiné à le devenir ; mais s'il passe de l'antipathie au complot, du complot aux préparatifs, des préparatifs à l'agression, alors il fait preuve d'une puissance morale de volonté qui, suivant son triomphe ou sa défaite, devient, dans l'ordre des idées purement humaines, la mesure de sa gloire ou de sa culpabilité. C'est donc toujours un problème d'un ordre très élevé, que celui que renferme une accusation de lèse-majesté.

Ce problème, il ne faudrait peut-être plus l'aborder, lorsqu'il a déjà provoqué tant de réflexions utiles, ingénieuses et puissantes[1] ; mais comment renoncer à cette occasion qui s'offre pour ainsi dire à moi de réunir, comme dans un faisceau, les traits épars sortis du sein de la défense, d'énumérer et d'organiser nos forces, de contrebalancer ainsi la puissance que l'accusation trouve dans l'unité de son action et de ses paroles. M'abstenir d'un pareil soin, ne serait-ce pas trahir le mandat que je reçois de ma position même ? Toutefois, préoccupé, non pas du danger de lasser votre consciencieuse attention, mais de celui de voir succomber à de malignes influences quelques uns des élémens nécessaires du débat, je ne dépasserai pas les nécessités de la discussion. Je bannirai surtout d'une lutte essentiellement judiciaire, des réflexions politiques qui voudraient en vain y trouver place : si toutes les

[1] Les défenseurs des accusés étant au nombre de vingt-quatre, Me Hennequin était entendu le dernier.

constitutions établies ne sont pas également bonnes aux yeux des publicistes, elles sont toutes d'une bonté absolue aux yeux du magistrat chargé de les défendre et de les protéger. Aussi, dans l'enceinte des cours d'assises, l'homme doit-il disparaître pour ne plus laisser voir que le défenseur, que le magistrat, que le juré. Fixer le sens de la loi nouvelle, reconnaître et caractériser les faits, laisser un grand souvenir d'amour du devoir et d'impartialité, défenseurs, magistrats, jurés, hommes de raison et de justice, et non pas hommes de ressentiment ou de vengeance, voilà notre mission, la voilà tout entière, et sans doute elle suffit à notre ambition comme à la vôtre.

Appelé par la nature même des accusations portées contre mes cliens, MM. de Verneuil et Dutillet, à m'occuper du complot et de l'attentat, je pose d'abord les principes. Les vérités légales une fois conquises, je ramènerai l'attention de la cour et celle de MM. les jurés, sur des charges qui, après avoir faiblement pesé sur mes cliens, se sont peut-être déjà évanouies, et sur celles qui, plus graves en apparence, n'ont pas plus de réalité.

Lorsque l'on vous a dit que des regrets, que des vœux, que des espérances n'étaient pas des complots; lorsque l'on vous a dit que des réunions dans lesquelles s'expriment avec véhémence des opinions peu favorables au gouvernement établi, qu'enfin des associations hostiles pouvaient bien éveiller la susceptibilité de la police, mais ne tombaient pas sous l'autorité des lois pénales; on n'a rien annoncé qui ne fût justifié par des souvenirs encore récens.

Vous vous rappelez cette vaste affiliation qui, renfermant l'Europe dans un réseau trop bien tissu, se proposait, disait-elle, de veiller à la liberté des peuples; mais peut-être ne connaissez-vous pas bien tous les secrets, tous les ressorts de cette redoutable association, et c'est en vous les retraçant que je distinguerai nettement l'*affiliation* du *complot*.

Les *ventes* particulières des carbonari, car vous avez compris que c'est de cette association fameuse que j'ai voulu parler, se composaient chacune d'un nombre qui n'excédait pas *vingt membres* ou *bons cousins*. Elles avaient chacune un *président*, un *censeur* ou un *député*; *une vente* avait-elle atteint le nombre convenu, les affiliés qui survenaient formaient une *vente nouvelle*.

Les députés *des ventes* particulières formaient la vente centrale, qui avait elle-même un député chargé de communiquer avec *la haute vente*, *la vente suprême*.

Cette organisation était toute militaire.

L'article 58 du pacte de la Charbonnerie porte :

« Pour être prêt à résister à l'oppression et à se-
« courir ses bons cousins, tout carbonaro doit être
« pourvu *par ses soins* et à *ses frais* d'un fusil de
« munition avec la baïonnette, et de vingt-cinq

« cartouches à balles de calibre; il doit s'instruire
« dans le maniement des armes et dans tous les
« mouvemens que suppose une réunion d'hommes
« ainsi armés. »

Ce qui devait nécessairement s'élever jusqu'à
l'école de peloton.

Chaque nouvel affilié doit verser dans la caisse de
la vente particulière qui l'admet, 5 fr. au conseil de
l'administration, et 1 fr. par mois.

Au système militaire vient se joindre un système
financier très habile.

L'antipathie du carbonarisme pour le droit politique qui régnait en France au moment où cette
association a pris naissance, est suffisamment connue; *c'était même pour amener la chute de cet ordre
politique* que se sont réunis les carbonari, comme
s'étaient précédemment formés les *patriotes de* 1816,
les *vautours de Bonaparte*, les *chevaliers du soleil*,
les *patriotes européens* et les *membres de la régéné-
ration universelle.*

Eh bien! le carbonarisme, cette combinaison profondément hostile au droit politique né de la restauration, le carbonarisme, qui constituait en France
et dans plusieurs états de l'Europe une conspiration
permanente, formait-il une association punissable?

Cette question, qui doit recevoir des solutions
diverses selon les différentes législations admises
dans les états où le carbonarisme se rencontrait,
devait être résolue en France par la négative.

Il résulte même d'une correspondance de 1822,

que le ministère d'alors ne jugea pas qu'il y eût lieu
de traduire les carbonari devant les tribunaux[1].

Et dans la vérité, de quel délit le carbonarisme
pris dans son ensemble, dans son organisation, et
tant qu'un acte particulier d'agression contre l'ordre
établi n'était point intervenu, était-il donc coupable? Coupable de ses pensées, sans doute; mais les
intentions, les pensées ne se revêtent du caractère
de la criminalité que quand elles sont entrées dans
les conditions constitutives du crime de lèse-majesté
au premier chef. On pouvait trouver dans le carbonarisme un délit, non point un délit politique, mais
une infraction à des lois de police dans ces états qui,
comme en Angleterre et dans quelques cercles élec-
toraux, défendent à tous ceux qui ne sont pas dans
la milice, de s'exercer au maniement des armes; mais
en France, où de semblables prohibitions n'existent
pas encore aujourd'hui, le carbonarisme ne relevait,
sous aucun rapport, de la loi pénale.

Ce qui est resté vrai jusqu'en 1830, est vrai sous
l'empire des idées que les trois journées ont amenées
dans notre droit politique. Voudrait-on supposer
la législation de juillet plus soupçonneuse et plus
préventive que celle de la restauration? Il est donc
encore vrai que l'affiliation, l'existence des so-
ciétés secrètes, est un fait que doit surveiller
la police, que la sagesse de l'administration doit
anéantir en ramenant à lui les affiliés, mais que

[1] *Voir* le plaidoyer de M. Marchangy, dans l'affaire de La
Rochelle.

la justice criminelle, chargée de l'application du Code pénal, ne doit pas, ne peut pas réprimer.

C'est ici que se présente, pour la police, un danger dont elle ne sait pas toujours triompher.

La police doit prévenir les délits.

Ah! surtout, elle ne doit les provoquer jamais.

Cependant faudra-t-il donc toujours laisser la malveillance dans cet état si voisin du crime, mais qui cependant n'est pas encore le crime?

Et d'abord si la malveillance se dispose d'elle-même à devenir criminelle, la police, avertie à temps, se gardera bien d'arrêter les projets dans leur marche. Heureuse de voir enfin ceux qu'elle est lasse d'observer prêts à tomber sous la juridiction des pénalités, elle les laissera faire, et ce sera cependant la violation d'un premier devoir. Laisser faire, laisser des hommes s'enfoncer dans des routes qui mènent à des abîmes, quand on peut les en détourner; consentir à l'aggravation du mal moral, accepter la responsabilité des catastrophes qui signalent trop souvent les progrès d'un projet funeste, est-ce donc là le devoir de la police!

Que serait-ce si la police lançait au milieu d'une opinion hostile et préparée, de ces agens secrets, mystérieux, qui, après avoir mis le feu à la traînée, ont l'art de s'enfermer dans l'ombre et de laisser impalpable la cause, le principe de l'explosion?

C'est au jury qu'il appartient de rappeler la police à ses devoirs; et, lorsqu'il est certain que la police a pu prévenir, lorsqu'il n'est pas certain qu'elle n'ait pas provoqué, le verdict d'acquittement est plus utile à la société par les leçons qu'il donne, que ne pourrait jamais l'être la condamnation.

Oui, Messieurs! si dans un temps voisin de grands événemens politiques, voisin surtout de l'exaltation d'un nouveau magistrat de police, quelques hommes avaient formé le projet de se créer des titres, si ce mot fatal, *il faut en finir*, était devenu le principe d'une machination odieuse, alors un devoir impérieux existerait pour le jury, le jury devrait, par un solennel et complet acquittement, rappeler la police à ses attributions, donner une leçon méritée à l'administration ; et certes, je le répète encore, il y aurait plus de profit pour la société, dans l'indulgence que dans la colère, alors même que quelques égaremens seraient démontrés.

Ces réflexions pourront trouver leur application à la cause; ce que je constate en ce moment, c'est que l'affiliation militaire ne prouve pas l'existence d'un complot. Car enfin, qu'est-ce donc qu'un complot, dans le sens légal du mot?

C'est ici le moment de défendre les accusés au nom même des lois dont on les menace, et qui servent depuis six mois de prétexte à leur captivité.

Les délits du cœur échappent, en règle générale, à la puissance humaine. Les résolutions les plus coupables sont affranchies de l'action de la loi, non pas précisément parce que la loi ne peut jamais les connaître, mais parce qu'il n'est pas dans sa mission de les punir. La loi se propose de faire régner l'ordre, et laisse à une autorité plus élevée le soin d'éclairer et de juger les consciences. Non seulement la pensée coupable n'est rien pour le législateur, mais cette pensée peut sans danger se manifester par des actes extérieurs, si ces actes n'ont pour objet que des préparations qui ne sont encore ni le délit ni la tentative du délit.

Ainsi, que des brigands se rassemblent dans le voisinage d'une maison isolée, qu'ils se comptent et qu'ils arrêtent un plan d'attaque et d'invasion, qu'ils chargent leurs armes, ce sont là sans doute des préparatifs menaçans; mais aucun de ces actes n'est encore empreint de criminalité. Aucun d'eux ne pourrait être rangé, d'après l'article 2 du Code pénal, dans la catégorie des tentatives.

Cet article est ainsi conçu :

« Toute tentative de crime qui aura été manifestée « par un commencement d'exécution, si elle n'a été « suspendue, ou si elle n'a manqué son effet que par « des circonstances indépendantes de la volonté de « son auteur, est considérée comme le crime même.»

A laquelle des circonstances énumérées dans l'hypothèse que j'ai choisie, le nom de tentative pourra-t-il donc s'appliquer? Est-ce au rassemblement? est-ce à l'action de charger des armes? Mais ces actes qui, considérés en eux-mêmes, ne sont point criminels, ne sauraient être assimilés à la tentative. Remarquez que la loi frappe la tentative de la même peine que le crime; et ce serait un spectacle que la conscience publique ne supporterait pas, que celui de ces hommes marchant à l'échafaud, coupables d'avoir chargé des armes dont ils n'auraient peut-être jamais fait usage.

La raison dit que la tentative est le *commencement du crime*, *que c'est l'un des actes constitutifs* de son accomplissement.

C'est le coup de fusil tiré dans l'intention de tuer, et qui n'a produit qu'une blessure; et il importe à la société qu'il en soit ainsi. Il importe que le malheureux qui se livre aux apprêts d'un crime ait intérêt à se désister de son funeste projet. Et d'ailleurs qui pourra dire qu'au moment fatal, la résolution criminelle ne se serait pas évanouie? Les colères, les vengeances, les servilités qui se croyaient sûres d'elles-mêmes, ont souvent échoué dans cet instant d'horreur; souvent il a suffi de la présence de la victime pour déconcerter le crime. Et le Cimbre, épouvanté, jette en fuyant son poignard aux pieds de Marius!....

La pensée, les préparatifs, ne sont donc pas encore le délit, et si cette cause était régie par le droit commun, la justice, dans l'impossibilité de reconnaître l'auteur d'une mort[1] qu'une autre mort a vengée[2], n'aurait plus qu'à faire cesser une captivité qui resterait sans prétexte.

---

[1] Celle du sergent Houel.

[2] Celle de l'une des personnes qui se trouvaient dans le restaurant; et qui a été tuée par un sergent de ville. (*V.* le plaidoyer de M. Glade, défenseur de Poncelet.

Mais, j'en conviens, la cause est gouvernée par la législation exceptionnelle du complot.

Des raisons que je comprends ont voulu que, par exception, et lorsqu'il s'agit de crime de lèse-majesté au premier chef, le droit commun fût soumis à de remarquables modifications.

On a pensé qu'attendre, pour frapper, que le crime soit accompli, c'était laisser aux auteurs du projet une chance immense d'impunité. On a pensé qu'il fallait atteindre, avant le combat, un crime absous par la victoire ; que les gouvernemens menacés devaient s'empresser de trouver un coupable dans le conspirateur, de peur d'y rencontrer un maître.

Toutefois, le législateur, même celui de l'an X, a compris le besoin, pour ne pas ramener la jurisprudence du Bas-Empire, de déterminer les conditions dans lesquelles devrait se trouver la pensée pour tomber sous l'action de la loi.

C'est ici que va clairement se manifester l'espace qui sépare la malveillance que le gouvernement doit ignorer ou convertir, les machinations que la police doit surveiller, du complot que la loi peut punir.

Le crime de lèse-majesté au premier chef, quand il est parvenu à son dernier terme, est le résultat de plusieurs actes successifs, dont le point de départ se trouve dans la pensée, et le dernier terme dans l'exécution ou du moins dans la tentative ; l'intensité de la volonté et le péril du pouvoir menacé n'étant pas les mêmes à chaque période du fait principal, il est évident que le législateur doit suivre *pas à pas* le conspirateur dans toutes les phases qu'il parcourt, pour mesurer la peine à la perversité de l'action et à la gravité du danger.

Ainsi, le premier degré, c'est la pensée.

Non pas toute pensée, mais celle qui prend pour titre la résolution de donner la mort au chef du gouvernement, la résolution de changer ou de renverser la constitution du pays.

Toutefois, cette résolution qui veut agir, mais qui ne sait pas encore dans quels intérêts et par quels moyens, ne peut être considérée, tant qu'elle restera dans cet état d'impuissance, que comme un mouvement passionné de l'esprit.

Mais si cette résolution devient celle de plusieurs individus ;

S'il s'établit un concert parfait entre eux, sur le but et sur les moyens d'exécution ; alors il y a calme, réflexion, persévérance, le danger devient imminent et la pénalité commence. Je dis concert sur le *but* et *sur les moyens*. Le but, c'est le renversement de ce qui est ; et l'on peut aisément s'entendre sur ce point, sauf à se diviser dès qu'il s'agira de remplacer ce que la conjuration aura détruit ; mais, par cela même, le but est la partie la moins grave, la moins épineuse de la délibération. Ce sont les moyens d'exécution qui sont tout ; et les moyens d'exécution peuvent être diversement envisagés, diversement appréciés par chacun des conjurés ; tel voudra bien accepter les dangers d'un projet dont il comprendra les chances, qui n'aura pas la témérité de se jeter dans une tentative insensée. Ainsi, accord sur le but, chose facile; accord sur les moyens, question immense.

Ce n'est pas tout.

On délibère assez volontiers, mais vient un moment solennel, c'est celui où le chef, prenant la parole, dit : « Eh bien! est-il clairement entendu qu'à telle heure, par tels moyens, nous exécuterons tel projet? »

Si la réponse est affirmative, si par là le dernier caractère du complot, *la résolution arrêtée*, est obtenue, le complot existe, car il y a *résolution d'agir, concertée dans son but et dans ses moyens, et arrêtée :* c'est là la première phase du complot.

C'est ici qu'il faut s'entendre sur ce que l'on peut appeler la création du complot et l'adhésion au complot.

Que tous les conspirateurs ne soient pas appelés à délibérer le même jour, dans le même nombre, dans le même moment; que tous n'entendent pas la harangue de Catilina, je le comprends, je l'admets; mais il faut que toutes les conditions sans lesquelles la pensée n'est pas encore devenue coupable, soient rigoureusement accomplies, pour que le crime intellectuel existe.

Ainsi, il faut que pour tous les hommes que l'on veut rendre justiciables de la législation du complot il y ait :

Résolution, concertée, arrêtée.

La communication, la connaissance des circonstances constitutives du complot, peut amener des adhésions. Mais cet homme qui, avec une pleine connaissance, a dit : J'adopte vos projets; je suis dans la résolution d'agir pour la cause que vous servez et par les moyens concertés et arrêtés entre vous; celui-là est un adhérent, mais ce n'est pas un complice.

Nous connaissons le premier degré du complot. Il y a là sans doute de la volonté, mais cette volonté, qui serait en définitive sans résultat si toujours elle devait rester dans le monde intellectuel, n'a point encore subi les épreuves qui la séparent du but qu'elle se propose.

Le crime entraîne toujours des préparatifs qui peuvent devenir pour les coupables d'utiles avertissemens. C'est surtout au moment des apprêts que les conspirateurs, se mesurant avec les difficultés, presque toujours avec les impossibilités de l'entreprise, ont besoin d'une grande force de volonté pour persister dans leurs projets. Il y a dans le pouvoir de fait de nombreux élémens de stabilité. Au pouvoir de fait appartiennent, les lois, les tribunaux, les armées, les finances, les intérêts et les ambitions. Pour lutter contre ces diverses puissances qui concourent au maintien de l'ordre établi, les conspirations sont généralement impuissantes. C'est ce que les préparatifs font très bien comprendre; et c'est presque toujours à cette époque du crime de lèse-majesté, que les gouvernemens menacés se sauvent, sans avoir eu même quelquefois le sentiment de leur danger.

Il n'y a pas non plus à se tromper sur ce qu'il faut entendre par les préparatifs du complot. C'est l'achat des armes ; c'est le rassemblement ; c'est encore la préparation des armes. C'est ainsi à l'armée que la réunion des forces sur un point donné, l'organisation des munitions de guerre, précèdent immédiatement l'action, mais ne sont pas l'action même.

La volonté qui s'est montrée persévérante, à ce point de passer de la résolution aux préparatifs, est devenue plus coupable ; aussi la peine s'élève ; mais une dernière épreuve reste à subir. Il faut, s'ils veulent arriver au but, que les conjurés sortent de cette sphère des préparatifs que nous avons nommée la seconde phase du complot, pour entrer dans la troisième période, celle de l'agression, qui peut échouer au moment de la tentative, ou parvenir jusqu'à l'exécution. Au moment où je réfuterai les doctrines du ministère public, je parlerai de l'exécution, c'est-à-dire de la consommation du crime. Je ne m'occupe en ce moment que de la tentative.

La tentative est en elle-même un crime, et si bien un crime que si elle n'est pas suspendue par la volonté même de son auteur, elle sera punie comme l'action consommée. Des hommes qui ont formé la résolution d'un crime politique, le meurtre du roi ou le renversement de la constitution, se mettent en marche vers le point d'attaque ; ils sont rencontrés par la force publique : ils résistent ; par cela même ils s'exposent à une peine ; et s'il est démontré que leur résistance était en relation avec le crime projeté, celui de lèse-majesté, alors cette résistance s'empreint de l'extrême gravité du projet auquel elle est rattachée. Ainsi c'est au moment où, se rendant sur le point d'attaque et dans l'intention d'attaquer, les conjurés enfreignent des prohibitions et se livrent à des violences, qu'ils se dévouent à l'échafaud. Il ne sera plus désormais permis de confondre les préparatifs avec la tentative ; mais c'est ici que se présente une réflexion à laquelle j'attache d'autant plus d'importance, qu'elle doit se reproduire dans la défense d'un de mes cliens.

La tentative c'est le moment de la mise en œuvre d'une foule d'hommes qui peuvent bien être dans l'attentat, mais qui ne sont jamais dans le complot.

Je m'explique :

Dans tous les temps, et surtout dans le temps où nous vivons, il est des hommes d'action et de dévouement que les auteurs d'un complot doivent mettre à leur disposition, mais qu'ils ne peuvent pas, sans une haute imprudence, initier à tous les secrets de la conjuration. Que faut-il donc? il faut que ces hommes, appelés sous différens prétextes sur la place publique, soient faciles à retrouver au moment de l'action.

Ainsi, des hommes qui peut-être sont déjà dans quelques affiliations secrètes apprennent qu'un mouvement doit éclater; ils acceptent un rendez-vous à une heure et sur un point déterminé où des chefs leur donneront des instructions. Que savent-ils donc ces hommes qui s'apprêtent à combattre? Ils savent qu'un grand mouvement doit avoir lieu: peut-être en connaissent-ils le but général; mais quels sont les moyens d'action et de succès? voilà ce que l'on ne leur a pas dit; voilà ce qu'on n'a pas dû leur dire. Il n'y a donc pas pour eux de participation possible à une résolution d'agir *concertée*, *arrêtée*, dans le sens de la loi.

Peut-être que pour ne pas les épouvanter par la pensée de s'exposer à l'action d'une législation redoutable, on aura su les entraîner par des paroles trompeuses. Il ne s'agit, leur aura-t-on dit, que de délivrer des amis coupables des opinions qu'ils partagent avec nous, et dont il faut briser les fers. Il est donc certain que des hommes surpris dans un rassemblement ne sont pas, par cela seul, convaincus du crime de lèse-majesté; car enfin quel motif les amenait sur la place publique? La révolte les avait-elle initiés à toutes ses intentions, à toutes ses espérances? n'étaient-ils animés que de la pensée fraternelle de rendre des amis à la liberté? Voilà le problème que l'accusation doit résoudre; et si le rassemblement, les préparatifs, restent sans relation démontrée avec le complot, les préparatifs et le rassemblement resteront sans criminalité.

C'est donc une mauvaise manière de raisonner que de remonter des préparatifs au complot: la tentative n'est pas toujours un guide plus sûr; avec toutefois cette différence que les préparatifs qui n'ont pas lieu dans la vue d'un complot, c'est-à-dire qui sont destitués du caractère de lèse-majesté, ne sont rien, et que la tentative ne pouvant consister que dans une action criminelle, peut motiver une condamnation.

Que résulte-t-il de cette discussion? c'est qu'il n'y a complot que là où se trouve une résolution *concertée* et *arrêtée*; que ceux-là seuls sont responsables du complot qui l'ont formé, et qui l'ont adopté avec pleine connaissance;

Que le complot peut sans doute se revêtir d'un second degré de culpabilité par les préparatifs faits pour en amener l'exécution;

Mais que les préparatifs ne rentrent dans la législation exceptionnelle du complot, que lorsque la relation entre ces préparatifs et ce complot, c'est-à-dire la résolution d'agir concertée et arrêtée se trouve nettement, positivement établie;

Que la tentative ne peut consister que dans un acte coupable, et qui forme un des élémens constitutifs du fait principal.

Voilà les trois catégories indiquées par la raison, et qu'il faut montrer écrites dans la loi.

Le temps, ce grand législateur des peuples, a récemment amené dans la législation du complot, des améliorations réclamées par des écrivains, au nombre desquels se trouve le magistrat même qui préside à nos débats *.

* M. Taillandier, auteur d'un livre fort instructif, intitulé: *Réflexions sur les lois pénales de France et d'Angleterre* (1824).

Ouvrons la loi telle que les discussions récentes l'ont faite, et d'abord considérons-la dans son ensemble.

Art. 89. « Le complot ayant pour but les crimes
« mentionnés aux articles 86 et 87, s'il a été suivi
« d'un acte *commis*, ou commencé pour en préparer
« l'exécution, sera puni de la déportation.

« S'il n'a été suivi d'aucun acte commis ou com-
« mencé pour en préparer l'exécution, la peine sera
« celle de la détention.

« Il y a complot dès que la résolution d'agir est
« concertée et arrêtée entre deux ou plusieurs per-
« sonnes. »

Art. 86. « L'attentat contre la vie ou la personne
« du Roi est puni de la peine du parricide.

Art. 87. « L'attentat dont le but sera, soit de dé-
« truire, soit de changer le gouvernement ou l'ordre
« de successibilité au trône, soit d'exciter les citoyens
« ou habitans à s'armer contre l'autorité royale, sera
« puni de mort.

Art. 88. « L'exécution ou la tentative constitue-
« ront seuls l'attentat. »

On peut extraire de ces textes de lois les propositions suivantes :

Le complot doit avoir pour but soit la vie, soit la personne du Roi, soit la constitution du royaume, c'est-à-dire un but spécial et déterminé.

Il n'y a complot que lorsqu'il y a résolution : résolution *concertée*, résolution *arrêtée*.

Mais alors il y a crime que la loi punit de la détention à temps.

S'il existe un acte commis ou commencé pour préparer l'exécution du complot, il y a crime au second degré, la peine est la déportation.

S'il y a tentative, c'est-à-dire d'après l'art. 2 du Code pénal, un commencement d'exécution qui n'ait été suspendu ou qui n'ait manqué son effet que par des circonstances indépendantes de la volonté de son auteur ; ce commencement du crime de lèse-majesté au premier chef est considéré comme la consommation même du complot, et la peine est la mort.

Ces principes si nécessairement incontestables réfutent les doctrines que présuppose l'accusation, et que l'avocat général a très sommairement indiquées.

Dans l'exposé, M. l'avocat général a dit :

« Que les auteurs du *complot* sont nécessairement complices de *l'attentat* commis pour l'exécution du complot. »

Le ministère public, dans son réquisitoire, a pensé : « Qu'une question générale sera posée, celle de savoir s'il a existé un complot en 1832. Qu'une autre question générale vous sera proposée, celle de savoir si cette même année 1832 n'a pas vu commettre un attentat ; et qu'ensuite ce complot, cet attentat par abstraction une fois constaté, il ne s'agira plus que d'une question de participation pour chaque accusé. »

Vient, enfin, une grave erreur sur le sens de l'article 88 du Code pénal.

Reprenons.

Est-il donc vrai, comme M. l'avocat général le suppose, que les auteurs du complot soient nécessairement complices de l'attentat commis pour son exécution !

Et d'abord je remarque que cet exposé de doctrine n'est pas complet.

Il y a trois catégories d'hommes dans le crime de lèse-majesté, et l'objection de M. l'avocat général n'en présuppose que deux.

Il y a les hommes de la partie intellectuelle.

Les hommes qui se sont livrés à des préparatifs.

Les hommes de la tentative, de l'exécution.

Or, de ce qu'un homme s'est trouvé dans l'une de ces trois catégories, est-il démontré qu'il soit dans les deux autres.

De quel droit faites-vous faire au conspirateur un chemin qu'il n'a pas voulu parcourir ? Conspirateur, pénétré d'une résolution qui se trouve, dans les conditions de la loi, et qu'il n'a pas abdiquée, il est sans doute exposé à l'application de la peine du premier degré, la détention à temps; mais pourquoi voulez-vous le précipiter, par une présomption de droit, dans des préparatifs dont il s'est abstenu? pourquoi le voulez-vous?

Le conspirateur circonspect qui reste encore dans la partie interne du projet, n'a pas voulu courir une chance plus dangereuse; par quel prodige pouvez-vous le rendre plus coupable qu'il n'a voulu l'être?

Les préparatifs ne sont un crime que quand ils

rentrent dans la législation préventive du complot. Or, de deux choses l'une, le *préparateur*, que cette expression me soit permise, le *préparateur* connaît ou ne connaît pas la résolution d'agir. La connaît-il, mais complétement, mais d'une manière absolue et sans réticence, l'a-t-il adoptée? il n'est pas complice, il est auteur principal : a-t-il ignoré la résolution, ou ne l'a-t-il pas connue tout entière? le lien entre les préparatifs et le crime politique est rompu, et les préparatifs ne sont plus rien.

Oui, le préparateur est auteur principal, est conspirateur avec le caractère du second degré, ou n'est rien; et c'est bien là le sens de la loi.

Voyons d'abord le principe de droit commun, article 60.

« Sont punis comme complices d'une action qua-
« lifiée crime ou délit...

« Ceux qui auront, *avec connaissance*, aidé ou
« assisté l'auteur ou les auteurs de l'action dans les
« faits qui l'auront préparée ou facilitée, ou dans
« ceux qui l'auront consommée. »

Ainsi des préparatifs faits *sans connaissance*, et, dans cette matière, c'est toujours d'une connaissance complète qu'il s'agit, ne peuvent pas figurer comme des preuves de complicité.

L'art. 60 ajoute :

« Sans préjudice des peines qui seront spéciale-
« ment portées par le présent Code, contre les auteurs
« de complots ou de provocations attentatoires à la
« sûreté intérieure ou extérieure de l'Etat, même

« dans le cas où le crime qui était l'objet des cons-
« pirateurs ou des provocateurs n'aurait pas été
« commis. »

Ne nous méprenons pas sur le but, sur la pensée
de ce paragraphe : en droit commun, point de
crime dans une simple pensée ou de simples préparatifs ; point de peine si le crime n'a pas été commis, soit complétement, soit du moins par une
tentative. Le dernier paragraphe de l'art. 60 a pour
objet de réserver le droit spécial, qui veut qu'en
matière de crime politique, la loi se rende juge de
la pensée, et que des peines précèdent le crime
exécuté ou tenté. Du reste, le texte ne suppose pas
que la complicité puisse trouver place dans cette
partie de la législation. Le texte suppose la pensée
contraire. *Les auteurs de complot ou de provocation,*
toujours *des auteurs, jamais de complices.*

Maintenant, Messieurs les jurés, la difficulté s'accroît ; car je dois à la religieuse impartialité de la
Cour une communication qui me porte à penser
que l'on se propose de vous appeler à prononcer sur
des abstractions [1].

On vous demandera si, en 1832, il a été concerté
et arrêté entre plusieurs personnes une résolution
d'agir ayant pour but : soit de détruire le gouvernement ; — soit de le changer ; — soit d'exciter
les citoyens à s'armer contre l'autorité royale ;

[1] M. le président avait remis au barreau les questions que la
Cour se proposait de poser au jury.

—soit d'exciter la guerre civile en portant les citoyens à s'armer les uns contre les autres.

On doit vous demander encore :

Si, en 1832, il a été commis un attentat dans l'un de ces intérêts.

Un complot, un attentat, en 1832 !...

Où, dans quelle contrée, dans quelle partie de la France ?

Quoi ! vous prononceriez sur des questions ainsi posées !

C'est une mission que vous n'avez reçue ni de l'institution qui vous appelle à prononcer au nom du pays, ni de l'acte d'accusation.

Le jury n'a point à résoudre des problèmes d'histoire contemporaine.

Une juridiction bien autrement grave est remise à son autorité.

Il prononce sur le sort des familles.

Et dans la vérité, quelle est donc la question que vous adresse l'arrêt de renvoi ? est-ce donc celle de savoir : Si, sur le sol de France, il s'est trouvé des conspirateurs en 1832 ? non ; mais celle de savoir : Si les accusés, ici présens, se sont rendus coupables de tel complot, de tel attentat déterminés ? Il y a pour nous un intérêt immense à ce que nous restions dans les termes de la raison, de la loi, de l'arrêt de mise en accusation.

Il est possible de penser que 1832 a vu des com-

plots et des attentats. La question générale serait
donc résolue contre nous; et l'accusation, affranchie
de la nécessité d'établir le corps du delit, pourra
dire à chacun des accusés : Il existe un complot,
et votre conduite m'autorise à penser que le complot
vous était connu ; que vous l'approuviez : vous êtes
coupable. Ce n'était pas ainsi que l'orateur de Rome
confondait Catilina, et que la raison du vieux Cor-
neille a fait parler Auguste.

Les problèmes doivent se subdiviser en autant
de questions qu'il existe d'accusés. C'est pour chaque accusé que doit être posée cette question :

L'accusé a-t-il conspiré? c'est-à-dire, a-t-il pris
ou adopté telle résolution spéciale et déterminée?

L'accusé est-il coupable d'attentat ? c'est-à-dire
encore de tel attentat précisé.

J'ajoute que la position de questions réclamée par
le ministère public n'est plus légale, n'est plus possible.

Admise par la loi de brumaire an IV, elle a
disparu du droit pénal de l'an X.

L'orateur du gouvernement disait en présentant
au corps législatif le Code d'instruction criminelle
(livre II, titre II) :

« Pour que le jury puisse toujours voter selon
« sa conscience, le projet lui donne un moyen à
« l'aide duquel il distinguera ce qu'il aura besoin
« de distinguer.

« Le président pose la question ; il est tenu de

« se conformer au résumé de l'acte d'accusation. Il
« demande, en conséquence, au jury si l'accusé est
« coupable d'avoir commis le crime *avec telle et*
« *telle circonstance.* Si le jury pense que le fait prin-
« cipal n'est point prouvé, il lui suffit de répondre
« *Non* sur le fait ; il n'a pas besoin de s'expliquer sur
« les circonstances : tout est compris dans sa réponse
« négative. Si le jury pense, au contraire, que le
« fait principal est prouvé, et si chacune des cir-
« constances lui paraît également prouvée, il répond
« *Oui* sur le tout. Enfin, si quelque circonstance ne
« lui paraît pas aussi bien prouvée que le fait prin-
« cipal, sa réponse est affirmative sur une partie de
« la question et négative sur le reste.

« Il en sera de même s'il se présente des circon-
« stances résultantes des débats, mais non mention-
« nées dans l'acte d'accusation : le président posera
« une question qui comprendra toutes ces circon-
« stances, et le jury procédera comme nous venons
« de l'exposer. »

Le Code d'instruction criminelle a complétement
répondu à cette parole du législateur. On lit dans
l'art. 337 :

« La question résultant de l'acte d'accusation sera
« posée ainsi qu'il suit : »

L'accusé est-il coupable d'avoir commis *tel meur-*
tre, ou *tel vol*, ou *tel crime, avec toutes les circonstan-*
ces comprises dans le résumé de ladite accusation ?

Nous voilà parvenus à la plus grave, à la plus
dangereuse des erreurs du ministère public.

Magistrats, jurés, renouvelez votre attention. Il y a du sang dans cette partie de la discussion.

La loi définit l'attentat avec clarté, avec précision.

L'art. 88 porte: L'exécution ou la tentative *constitueront* SEULES *l'attentat.*

Considérez ce soin religieux qu'apporte le législateur à préciser sa pensée, à prévenir toute méprise.

Constitueront *seules* l'attentat. Hors de l'exécution, hors de la tentative, des préparatifs peut-être, point d'attentat.

L'article 2, qu'il faut ici reproduire, ne permet pas à l'esprit de s'égarer.

« Toute tentative de crime qui aura été manifestée
« par un commencement d'exécution, si elle n'a été
« suspendue, ou si elle n'a manqué son effet que
« par des circonstances indépendantes de la vo-
« lonté de son auteur, est considérée comme le
« crime même. »

La loi, quand elle n'avertit pas qu'elle change le sens des mots employés déjà par elle, est censée les avoir pris dans la première acception. J'ai donc le droit d'inscrire l'article 2 dans l'art. 88, et j'y lis ce qui suit :

« L'exécution ou toute tentative du crime de lèse-
« majesté qui aura été manifestée par un commen-
« cement d'exécution qui n'a été suspendu ou qui
« n'a manqué son effet que par des circonstances
« indépendantes de la volonté de leur auteur, consti-
« tueront seules l'attentat. »

Ici, messieurs, se rencontre une réflexion qui doit être discutée avec de justes ménagemens, puisqu'elle émane du ministère public, et qui toutefois, je l'avoue, m'a frappé d'étonnement.

« L'*exécution* dont parle l'art. 88, a dit M. l'avocat « général, ne peut s'entendre que de la tentative, et « dès lors, le mot tentative employé dans le même « article ne peut plus désigner que les actes du degré « précédent, c'est-à-dire les *préparatifs*.

« Comment, en effet, admettre que par le mot *exé-* « *cution*, le législateur ait voulu désigner la consom- « mation, l'accomplissement du crime. La consom- « mation du crime de lèse-majesté, c'est la victoire : « et dans le nouvel état de choses que la victoire « aura fondé, quel sera le vengeur du système abo- « li? » Le gouvernement né de là journée du 18 bru- maire, pouvait ajouter le ministère public, s'est-il préoccupé des injures de la constitution de l'an III ?

Cette objection, que je n'ai point affaiblie, est née d'une grave préoccupation.

L'assassinat du prince entraîne - t - elle donc toujours la ruine des droits de sa famille? Si le successeur immédiat, intéressé peut-être au meur- tre, garde un silence complice, le temps ne peut- il pas susciter un vengeur! Si le crime des Or- loff n'est puni que des faveurs de Catherine II, Paul Ier fait exhumer les restes de son père et com- mence le supplice des assassins, en les contrai- gnant d'assister aux obsèques de la victime ; et d'ailleurs, les membres de la famille royale ne sont-

ils pas aussi protégés par l'art. 86? Le meurtrier d'un
fils, d'une fille chérie, ne va-t-il pas tomber entre
les mains d'un père puissant et désespéré! Le crime
du 13 février ne fut-il pas un attentat! et Louvel
n'a-t-il pas porté sa tête sur l'échafaud? La loi, ac-
ceptée comme elle est faite, présente donc un sens
complet, et nous ne sommes pas contraints, pour
sauver le législateur d'une absurdité qu'il n'a pas
commise, de changer brusquement le sens des mots,
de lire *préparatifs* où nous lisons *tentative*, et de
voir l'agression, le commencement de l'action, un
crime enfin, dans le rassemblement, dans la préparation des armes, actes nécessaires à l'attaque, mais
qui ne sont pas encore le combat et que le combat
ne suit pas toujours.

Cette discussion doit être féconde en décisions
libératrices.

Et d'abord, ne vous trouvez-vous pas dans l'une
de ces circonstances où le verdict d'acquittement se
trouve acquis aux accusés par la conduite même de
la police.

N'est-il pas évident qu'il faut rayer le mot attentat
de l'acte d'accusation.

N'est-il pas évident que l'affiliation, et si l'on veut
l'embrigadement, ne constitue pas une preuve de
participation au complot dont le ministère public
poursuit la répression.

La police a été avertie que des projets fermen-
taient; elle a pu déjouer le marché relatif aux armes :
l'a-t-elle fait? Permettre la continuation de cette né-

gociation, c'était évidemment amener la délivrance des armes. N'était-il pas facile de comprendre que cette délivrance finirait par devenir pour Dermenon une nécessité qu'il faudrait subir? La police a certainement pu s'opposer à l'arrivée du fiacre où ces armes étaient contenues; elle a pu réduire tout l'événement à l'infraction d'une ordonnance de police, qui défend de rester passé minuit dans les lieux publics. Tout ce qui est au delà de cette infraction est le fait de la police. J'ajoute que la police a livré les armes; car enfin, il ne s'agit pas ici d'un homme, mais d'une institution; et avant l'arrivée de M. Gisquet, M. Nolté disait que M. Gisquet avait autorisé Dermenon à livrer des armes en petite quantité, en en surveillant la livraison.

A l'arrivée de M. Gisquet, la croyance de M. Nolté est du moins restée un doute, une incertitude; et ce qu'affirme M. Nolté, en présence de M. le préfet, c'est qu'à ce sujet aucune défense, aucune prohibition n'est émanée de ce magistrat. Dermenon est demeuré bien positif, bien affirmatif sur l'ordre de livrer les armes; il a parlé sans ambiguité de cet ordre; et son témoignage est justifié par celui de M. Barthélemy, qui demande à prouver par neuf témoins qu'il était présent à l'entrevue, qu'il était en tiers entre M. le préfet et Dermenon.

Que peuvent, en définitive, sur de pareils résultats, les dénégations d'un seul homme! Que sont des dénégations, lorsque leur auteur se tait sur une épreuve solennelle, lorsqu'il ne joint pas sa voix à celle qui réclame cette épreuve avec chaleur, avec accent!

Le ministère public a prétendu que sous la restauration la police avait été provocatrice : c'est une grave accusation; mais a-t-il prouvé que la police actuelle n'avait pas contracté cette fâcheuse, cette coupable habitude, et peut-il nous reprocher un genre d'accusation dont il donne l'exemple?

La police a-t-elle provoqué?

Que je regrette ce mystérieux vieillard! Que sa présence pourrait donner de lumières!!! Et peut-être comprenez-vous l'intérêt que devait nous inspirer la vérification demandée par M. Barthélemy.

Un chef de la police, M. Carlier, appelé devant vous, a prononcé les paroles d'un homme consommé dans les affaires. Il nous fallait, a-t-il dit, *un commencement d'exécution*; et pourquoi? *pour qu'il y eût crime!* Homme, dont la mission est surtout celle de veiller à la sécurité publique, savez-vous bien ce que vous demandiez? Ce commencement d'exécution n'était-ce pas du sang! Non, *il ne vous fallait pas* un commencement d'exécution ; il fallait vous élancer au lieu d'attendre; il fallait prévenir au lieu d'aider; il fallait briser les armes au lieu de les laisser conduire au café des Prouvaires. Si, par votre faute, dirai-je par votre volonté, il y a eu commencement d'exécution, vous serez seul coupable, et il importe que vous soyez condamné par l'acquittement des accusés !

Si , lorsque l'origine de la conspiration se perd dans un mystère, lorsqu'une sorte d'aveuglement semble avoir présidé à toutes ses mesures, mesures si merveilleusement habiles pour obtenir un revers.; lorsque sur le fait de la livraison des armes et de la prohibition de les livrer, il s'est élevé quelque nuage : c'est une expression qui ressort de l'affirmation de M. le préfet et des documens qui la contredisent; si le chef de la police s'était trouvé convaincu d'inexactitude devant la Cour, le résultat serait immense : et si , réunissant tous les souvenirs des débats, vous ne pouvez pas vous soustraire à cette idée que la police, par une inaction calculée , et peut-être par une perfide initiative, est devenue responsable de l'événement du 2 février, la loi dépose entre vos mains le moyen de rappeler la police au sentiment de ses devoirs : le verdict d'acquittement est acquis aux accusés.

Mais que parlais-je tout-à-l'heure de préparatifs? Il est démontré qu'il n'y avait plus même de préparatifs, quand la force armée s'est présentée rue des Prouvaires. Bien loin qu'il y eût tentative, les préparatifs et le complot , tout était abandonné. Ici les preuves se pressent, et elles sont de diverse nature. Dix-huit fusils arrivent au café des Prouvaires à une heure moins un quart du matin ; dix-huit fusils, qui ne suffiraient pas pour désarmer l'un des postes qui veillent sur les Tuileries, sont, il faut l'avouer, un moyen d'exécution désespérant. Comment ne pas voir là un désistement dans les choses mêmes? Seconde preuve de l'abandon du projet, l'orgie tumultueuse qui avait enlevé à la plupart des individus réunis dans le café l'usage de leur raison et de leurs forces. Ce n'était pas au milieu d'une pareille scène et avec de pareils instrumens qu'il était possible de tenter l'entreprise.

Enfin l'abandon du projet est signalé par un fait extérieur, par la sortie d'un grand nombre d'individus qui n'avaient plus rien à faire au café après y avoir bien soupé. Il faut que M. Carlier se hâte, qu'il gagne de vitesse des hommes qui s'en vont, soit découragés, soit ivres. La criminalité peut-elle donc survivre à la volonté de commettre le crime? la société peut-elle encore se venger d'un projet abandonné, d'une résolution dans laquelle on n'a pas persisté, d'une pensée expirée avant sa réalisation, enfin d'un complot qui n'était déjà plus au moment de l'intervention de la force armée? Que sera-ce s'il s'agit d'une conspiration dont l'origine est douteuse, qui prend son principe dans un personnage mystérieux, inconnu, d'une conjuration dont la police a connu tous les secrets, et dont les auteurs ont été armés par elle!

Je ne dis qu'un mot de l'attentat.

Je ne dis qu'un mot de l'embauchage.

L'attentat. Le seuil du café des Prouvaires n'a pas même été franchi. Toute autre parole affaiblirait ma pensée.

L'embauchage. L'article 92 n'est point invoqué par l'accusation, et ne pourrait pas l'être.

L'embauchage! On ne trouve plus ici cette unité d'organisation, et cette immensité de développement que présentait le carbonarisme ; et cependant le carbonarisme ne constituait pas un délit : si l'on veut que l'embauchage soit ici quelque chose, il faut nous y faire voir des actes faits ou commencés pour assurer l'exécution du complot dénoncé ; mais alors il faut que la relation soit positive. Il faut que le séducteur ait dit, non pas seulement : « Sois avec nous, sois prêt suivant l'occasion à servir la cause d'Henri V ; » il faut qu'il ait ajouté : « Promets de nous aider à l'exécution de ce projet, que nous avons conçu, mûri, délibéré, irrévocablement arrêté. » Il faut que le nouveau zélateur ait répondu, non pas : « Mon bras et ma vie au jeune roi ; » mais, « Oui, je vous entends ; j'adopte votre projet, je le seconderai. » Alors, il est vrai, l'embauchage s'efface devant le complot, le titre d'affilié pâlit devant celui de conspirateur ; l'embauchage n'est donc jamais rien dans ces sortes de causes : rien, parce qu'en relation avec le complot ce n'est plus le crime dont il faut s'occuper ; rien, parce que sans relation avec le complot ce n'est plus un crime.

Délivré de ces généralités, je puis consacrer ma voix aux hommes qui doivent plus spécialement la réclamer ; mais que j'ai servi en rappelant les principes qui les protégent ; que j'aurai surtout servi suivant leur pensée, si j'ai pu faire profiter leur défense à celle de leurs compagnons d'infortune.

M. CH. DE VERNEUIL.

Il serait d'autant plus injuste de demander compte aux hommes de la manière dont ils résolvent les grandes questions sociales, que les opinions qu'ils adoptent sur ces graves sujets leur sont habituellement inspirées par la naissance, par la famille, par la destinée.

Les souvenirs du foyer domestique, les malheurs dont la première révolution avait frappé ses parens, ont placé comme inévitablement M. de Verneuil parmi ceux qui pensent que la prérogative des races royales, que la stabilité des couronnes est une garantie de prospérité pour les peuples. Toutefois, livré aux travaux de la médecine qui, depuis l'âge de 18 ans a été le sujet constant de ses études, et qui devait en effet éveiller toutes ses sympathies, il ne se croyait pas appelé aux dangereux honneurs d'une accusation politique.

M. de Verneuil devait aimer beaucoup sa profession, et voici pourquoi : je ne serai point démenti par ceux qui m'entendent, lorsque je dirai que M. de Verneuil est un être essentiellement bon, essentiellement secourable, et je conçois qu'il doit chérir un état qui lui fournit l'occasion sans cesse renaissante de le rapprocher de ceux qui souffrent, de consoler, d'alléger, de dissiper leurs souffrances, et de satisfaire ainsi au besoin le plus impérieux de son ame.

Du reste, M. de Verneuil avait salué avec trop de bonheur la restauration, pour se convertir aux événemens de juillet. Trop communicatif, trop en dehors, si je puis m'exprimer ainsi, M. de Verneuil est devenu le sujet des attentions, des préférences , des prédilections de la police ; et remarquez que je ne fais point ici la guerre à la police qui surveille avec activité, mais à la police qui jette dans les cachots sans motif, et qui accuse sans délit caractérisé ou sans preuve.

Le 28 novembre 1831, M. de Verneuil voit les portes de la force ou de Sainte-Pélagie, je ne suis pas bien fixé sur ce point, se refermer sur lui. Et quel n'est pas notre aveuglement, à nous faibles mortels, ignorans que nous sommes de l'avenir ! Tel qui, le 28 novembre 1831, aurait dit à M. de Verneuil qu'il devait bénir le mandat d'arrêt signé Gisquet, daté du 27 novembre 1831, aurait encouru le reproche d'insulter au malheur par une inconvenante raillerie; et, cependant, ce qu'il y aurait eu de prophétique dans de pareilles félicitations s'est complétement réalisé !

Le titre de l'accusation alors portée contre M. de Verneuil, c'était la dénonciation d'un nommé Louvain, par qui M. de Verneuil était accusé d'être complice d'une fabrication de poudre; et je rappelle ici les souvenirs de l'un de mes confrères , M. Hardy[1], il fut prouvé que la veille du jour où

[1] Défenseur de Suzanne, l'un des accusés dans l'affaire dite *des Prouvaires.*

Louvain, qui se prétendait coupable, s'était cons-
titué volontairement prisonnier, il avait reçu l'invitation de se rendre dans les bureaux de la police.
Une circonstance qu'il n'avait pas su prévoir devait
confondre son imposture.

Il était fixé au débat, que jamais, que dans aucun
moment, Louvain n'avait entendu parler de M. de
Verneuil *avant le 5 novembre* 1830; c'était ce jour-
là, et ce jour-là seulement, que Louvain prétendait avoir entendu dire à Grenet, fabricant de
poudre : J'ai besoin de parler à M. de Verneuil. Je
fis demander à Louvain comment de cette parole si
simple, et qui pouvait s'expliquer par tant de mo-
tifs, Louvain avait pu conclure que M. de Verneuil
était mêlé à la fabrication, à la conspiration des
poudres. *Je le savais déjà,* me répondit Louvain.
Imposteur, m'écriai-je! vous le saviez *déjà,* et dans
l'instruction vous avez dit, et dans le débat vous
avez répété, *qu'avant le 5 novembre* M. de Verneuil
*vous était inconnu, que l'on n'avait pas prononcé
son nom devant vous!*

M. de Verneuil fut acquitté, et la résolution du
jury, qui devient un principe de jurisprudence,
nous donnera les moyens d'apprécier la déposition
de Thomasset.

L'acquittement fut prononcé, le 13 avril, à dix
heures du soir.

Déjà le mandat relatif au procès actuel était lancé
contre M. de Verneuil : mais ce mandat n'ayant pas
été notifié à la Conciergerie, la porte dut s'ouvrir.

Le lendemain M. de Verneuil était chez moi : il était au désespoir.

Au mois d'avril, vous vous le rappelez, Messieurs, le choléra exerçait ses ravages. M. de Verneuil connaissait le nouveau mandat ; il se voyait plongé pour la seconde fois dans l'oisiveté de la prison, lorsqu'il pouvait s'associer au dévouement de ses confrères, et lutter avec eux contre l'épidémie. Non, s'écriait-il avec un accent qui me pénètre encore, ils ne m'arracheront pas à mes devoirs ! la municipalité de mon arrondissement vient de m'attacher à l'une de ses ambulances ; c'est là mon poste, j'y reste ! Que peuvent-ils craindre ? le fléau ne répond-il pas de ma présence ? Ecrivez à M. le juge d'instruction, lui dis-je [1]. M. de Verneuil suivit mon conseil, et ne revit Ste-Pélagie qu'au mois de mai, quand le mal semblait s'éloigner de nous ; c'est dans ces derniers jours seulement qu'il a senti de nouveau la pesanteur de ses fers [2] !

Cependant l'accusation nous appelle. Comment prouve-t-elle que M. de Verneuil a pris part au complot qui devait éclater dans la nuit du 2 février 1832 ?

J'admets d'abord les données de l'accusation, telles que l'accusation les présente ; je me réserve d'en apprécier plus tard l'autorité.

Il serait donc vrai que quatre ou cinq jours avant l'arrestation de M. de Verneuil, c'est-à-dire le 20 ou

[1] M. Poultier.

[2] On sait que quelque temps avant l'ouverture des débats, et pendant les débats mêmes, le choléra avait repris de l'intensité.

le 21 novembre 1831 , Thomasset aurait vu mon client dans la société de M. Piégard Sainte-Croix ; qu'il aurait entendu des paroles de nature à lui faire croire que M. de Verneuil était au courant de quelque machination secrète, et que même là Thomasset aurait été averti par Verneuil de certaines suspicions dont lui, Thomasset, se trouvait environné.

Qu'importe cette anecdote véritable ou controuvée. Ici les dates, les dates toutes seules, deviennent une irrésistible justification. C'est à quatre ou cinq jours de l'arrestation de Verneuil que se place cette rencontre, c'est-à dire au 24 ou 25 novembre 1831. Eh bien! c'est le 31 janvier 1832, seulement, que le mystérieux vieillard donne à Poncelet une lettre qui, par l'intermédiaire de Petit-Prêtre, doit le mettre en rapport avec Dermenon. M. de Verneuil a-t-il donc pu adopter ou créer, le 20 novembre 1831, un projet dont le premier vestige remonte au 31 janvier 1382? et si la loi de Louis XI, l'obligation de révéler, existait encore, pourrait-on lui reprocher de n'avoir pas averti l'autorité, au mois de novembre, d'une chose qui ne devait exister que deux mois après?

C'est ici que se montre dans toute son importance la nécessité de demander compte à M. l'avocat général du complot dont il poursuit la répression. Dans tous les procès criminels, il faut que le crime soit déterminé, spécifié, daté. Un homme n'est pas, ne peut pas être complice d'un vol, d'un meurtre par abstraction. Il faut que l'acte d'accusation raconte le délit, qu'il énumère les circonstances, qu'il dise :

C'est tel jour, dans tel lieu ; que le crime soit rapproché de la victime ; et, s'il s'agit d'un assassinat, que le cadavre soit mis sous les yeux du meurtrier. La loi le veut pour tous les délits.

La loi le veut pour le complot, et pour l'attentat. Ne m'accusez donc pas d'avoir pris part à je ne sais quel complot ou quel attentat qu'aurait éclairé le soleil de 1832. Renfermez-vous dans ce que vous appelez le complot du 2 février ; mais, alors aussi, cessez de m'en demander compte, à moi qui depuis le mois de novembre précédent me trouvais placé sous la protection des geôliers et sous la garantie des verroux.

Cette hypothèse dans laquelle je viens de raisonner est une grande concession que j'ai faite ; car elle suppose la véracité de Thomasset. Thomasset est un agent de police, et la défense de l'accusé Bacquier vous a fait voir en lui un agent provocateur. Qu'est-ce dès lors qu'un pareil témoin ? Si la maxime *testis unus testis nullus* a perdu sa puissance législative, elle n'a point perdu l'autorité que lui donne la raison. Entre le témoin qui affirme et l'accusé qui nie, comment la conviction, et la conviction intime, pourrait-elle naître ?

Le doute est le résultat nécessaire de cette lutte entre deux quantités qui s'effacent, qui se compensent ; et que sera-ce si le témoin accusateur est un homme placé dans les conditions de Thomasset ? d'ailleurs Thomasset est-il donc un témoin pour M. de Verneuil ?

Un homme a pris devant Thomasset le nom de

M. de Verneuil ; mais ce Verneuil est-il celui qui se trouve devant vous ? J'ai le droit de dire que non. Les traits remarquables, le regard perçant, la physionomie expressive de l'homme que je défends seraient restés dans le souvenir du témoin, et ce témoin déclare qu'il ne reconnaît pas dans l'accusé l'homme qu'il a vu près de Piégard Sainte-Croix. L'identité n'est point établie. Qui pourrait, dans un tel état du débat, accepter la responsabilité d'une condamnation? L'on a dit à Thomasset que l'homme qui s'était montré soupçonneux envers lui était le médecin Verneuil arrêté au 20 novembre. Voilà tout ce qui ressort de la déposition de Thomasset, rapprochée de l'absence de toute preuve d'identité ; et la scène qui s'est passée dans le cabinet de M. le juge d'instruction, et qui s'est renouvelée devant vous, a permis de croire que l'on avait induit Thomasset en erreur. Dans la confrontation chez M. le juge d'instruction, Thomasset a déclaré qu'il ne reconnaissait pas, dans l'accusé Verneuil, l'homme qui avait pris ce nom chez Piégard Sainte-Croix ; Thomasset vous a fait entendre la même déclaration. Mais pourquoi, mais dans quel intérêt jeter Thomasset dans une pareille erreur? Je l'ignore, et je n'ai pas à pénétrer ce mystère. L'accusation ne peut pas remplacer par des questions et par des doutes une preuve d'identité qu'elle ne rapporte pas. Et puis qui nous dit qu'ici Thomasset ne joue pas le rôle de Louvain? qu'ensuite Thomasset, fort de l'absence de la victime désignée, ait osé nommer

Verneuil; mais que, confondu par sa présence, il n'ait pas osé dire : Oui, c'est vous ; qu'engagé par la confrontation, il n'ait plus eu la possibilité de reconnaître devant le jury celui qu'il n'avait pas reconnu devant le juge d'instruction ; ce sont là de ces abîmes du cœur humain que je n'ai pas le devoir d'approfondir. J'avoue que je crois à l'inconsé-quence, à la faiblesse de Thomasset, plutôt qu'à sa bonne foi. Mais, au surplus, que m'importe cet homme ! Thomasset ne resterait un témoin accusateur, que s'il reconnaissait Verneuil, et il ne le reconnaît pas.

La correspondance de Patriarche ne doit pas me préoccuper davantage.

Il ne faut pas corrompre les peuples sous le prétexte de les défendre, et la justice, cette vierge pudique, n'admet pas dans son temple tous les documens dont la police a su s'emparer. La justice défend à l'avocat, au prêtre, au médecin, au chirurgien, de révéler les secrets, les fautes, les douleurs dont ils sont devenus les confidens nécessaires. Souvent des lettres surprises ont été rejetées du procès où l'on voulait les produire ; et, je l'avoue, jamais surprise ne fut plus odieuse que celle dont on veut s'armer contre nous.

Voyez-vous la police retirant du fond de la boîte des lettres où deux époux croyaient pouvoir épancher leurs ames avec sécurité, remettant avec une hypocrite fidélité les lettres aux époux trompés, provoquant ainsi de nouveaux secrets pour les surprendre encore! Qui voudrait s'associer à ces manœuvres, en allant y chercher des élémens de conviction. Au surplus la police a pris soin de se désarmer elle-même; les lettres originales ne sont pas entre ses mains, de quel droit vient-elle nous opposer des copies sans authenticité!

Une pièce authentique est puissante, non seulement parce qu'elle est vraie, mais parce qu'elle ne peut pas être fausse.

Il existe une présomption légale de vérité qui s'attache à l'authenticité, et que l'inscription de faux seule peut détruire; jusque là cette certitude morale de vérité fonde la sécurité du juge. A l'écrit sans authenticité ne s'attache aucune puissance; il peut être vrai, mais il est possible qu'il soit faux, et dès lors il ne peut devenir la source d'une conviction, d'une conviction intime.

Qu'importe que les copies présentées par la police soient reconnues par mon co-accusé!

Patriarche est-il bien sûr de l'identité des expressions, sa mémoire les a-t-elles toutes fidèlement conservées. Et d'une expression changée, altérée, modifiée, omise, peut résulter une impression fatale ou libératrice! qui peut supporter l'idée de la mort ou de la prison fondée sur un mot que, dans la réalité, l'écrit original ne renfermait pas!

Je n'ai donc pas même besoin de me livrer à des études dont le texte n'existe pas. Cependant, des explications sont présentées.

Pendant le cours de la captivité de M. de Verneuil,

mais avant celle de Patriarche, entre le 28 novembre 1831, et le 1er février 1832, des jeunes gens se sont présentés chez Patriarche, l'un d'eux prenant le nom de Verneuil, l'autre celui de L'écuyer. Ce jeune Verneuil a fait des promesses, non pas en son nom à lui, enfant de 15 ans, mais au nom de son père détenu à Ste-Pélagie.

Quel est ce jeune homme dont le signalement, tel du moins que le donne Patriarche, ne rappelle pas le fils de M. de Verneuil ! Quel est-il? quel autre piége est caché sous cette visite? Ici se présente une réflexion qui n'est pas contestable; il n'est pas plus permis de faire de la police *avec simplesse*, que de conspirer avec candeur : ce jeune homme, quel est-il? M. de Verneuil est dans les fers, et il n'existe pas de preuve contre lui : ce jeune homme quel est-il? Louvain avait reçu l'invitation de se rendre à la police, et il s'y était rendu la veille du jour où il se constituait l'accusateur de M. de Verneuil; ce jeune homme quel est-il? C'est depuis l'existence du second mandat d'amener, que Thomasset s'est avisé d'accuser M. de Verneuil; ce jeune homme, quel est-il? je l'ignore : mais je sais qu'il n'est pas établi que ce soit M. de Verneuil fils, dont la démarche, fût-elle vraie, pourrait bien encore s'expliquer par un sentiment propre à ce jeune homme qui, lui aussi, s'élève dans les sentimens de sa famille, par la légèreté d'un âge prompt à promettre, sans qu'il fût possible d'y trouver le moyen de condamner un père détenu, et qui n'avait donné à personne le mandat de l'engager.

La visite des deux jeunes gens explique la lettre de Patriarche, où il faudrait peut-être lire dans l'original : *Ce ne sont pas là les promesses de M. de Verneuil le fils*, ce qui ne laisserait plus un nuage ; mais où l'on peut lire encore sans danger pour mon client : *ce ne sont pas les promesses de M. de Verneuil*. Est-ce avec madame Patriarche que les circonlocutions devaient être mises en usage? ce langage n'était-il pas compris? fallait-il donc absolument écrire : Ce ne sont pas là les promesses que M. de Verneuil le père m'a fait faire ou m'a fait apporter par son fils. [1]

Telle est donc la défense de M. de Verneuil, qu'elle se lie à tous les principes respectés parmi les hommes. L'absoudre, c'est rendre hommage à la chose jugée; donner une grande leçon de moralité, et montrer que, si l'autorité qui surveille sait se servir de tous les genres de moyens, l'autorité qui juge sait se mettre à l'abri de tous les genres de méprises.

Je dois m'occuper désormais de la défense de Dutillet.

M. DUTILLET.

Si Dutillet n'est pas né sur le sol français, c'est du sang français qui coule dans ses veines. Sa famille,

---

[1] Après la plaidoirie, M. Patriarche a déclaré à mon client que mes conjectures lui avaient rappelé un souvenir, et que dans la vérité, il y avait dans la lettre originale, M. de Verneuil *le fils*.

persécutée en 1793, a demandé d'abord un asile aux montagnes de la Suisse : c'est là que Dutillet a reçu le jour, c'est aussi là que de bien bonne heure il a perdu sa mère. Son père, ne pouvant plus habiter des lieux qui lui rappelaient de si déchirans souvenirs, alla servir en Italie. Dutillet a combattu sous le prince Eugène. Il s'est trouvé dans cette campagne de 1812, si malheureuse pour nos armes, et qui rappelle cependant de glorieux souvenirs. Dutillet, décoré de l'ordre de la Couronne de Fer, se retira près de son père après le licenciement du corps d'armée dans lequel il servait. Il accourut en 1814 en France. Il était sergent-major dans la garde royale au moment des événemens de juillet.

Au 25 juillet 1830, tous les devoirs de l'armée se trouvaient résumés dans ce serment :

« Je jure d'être fidèle au roi, d'obéir aux chefs qui « me seront donnés en son nom, et de ne jamais « abandonner les drapeaux. »

Ce serment, Dutillet l'a tenu, et il a le droit d'en être fier ; il doit être fier aussi de cet amour du travail qui l'a toujours mis à l'abri des conseils de la misère.

Dutillet, qui sacrifiait à sa conscience, à sa conviction, vingt années d'honorables services, fit d'abord usage des habitudes qu'il avait prises dans la carrière des armes ; il donna des leçons d'exercice dans la garde nationale, et fut environné d'élèves nombreux. Quand la première ardeur se fut ralentie, il entra comme teneur de livres dans la maison Bocquet, et vous avez entendu mademoiselle Bocquet, dame de charité de son arrondissement, et qui, en raison du grand âge de ses parens, dirige seule l'établissement : vous vous rappelez l'excellent témoignage qu'elle a rendu de Dutillet ; mademoiselle Bocquet vous a dit qu'en raison des scènes dont la capitale est depuis trop long-temps le théâtre, Dutillet était dans l'habitude de marcher toujours armé. Cet usage est un des fruits des troubles civils, et malheureusement on le voit chaque jour s'acclimater parmi nous.

Vous connaissez désormais Dutillet ; c'est un homme droit, laborieux, plein d'honneur, c'est le prototype des nobles débris de la garde. De pareils hommes ne se ramènent ni par ce nom d'*assassin* dont fut payée leur fidélité malheureuse, ni par le spectacle des monumens religieux de la capitale dévastés avec impunité. Une administration juste, impartiale, protectrice à l'intérieur de la liberté religieuse, à l'extérieur de l'honneur français, voilà seulement ce qui peut dompter ces fiers courages ; et c'est pour cette raison même que la décision que vous devez porter sur Dutillet prend une grande importance. Que cette décision soit l'expression vraie de sa position, telle que les lois l'ont faite : c'est là son droit, et ce droit suffit à sa libération.

Car enfin quels sont les faits établis contre lui ?

Dutillet, dans la nuit du 1er au 2 février, s'est rendu au boulevart de la Salpétrière.

Il était armé.

Il a été arrêté au coin de la place du quai de l'École.

Ces faits sont constans.

Est-il possible d'en conclure que Dutillet avait connaissance d'une résolution de renverser le gouvernement, délibérée et arrêtée? savait-il qu'une réunion d'hommes armés devait sortir du café Larcher, et se faire jour jusqu'à la famille royale; était-il là pour seconder un pareil mouvement?...

Voilà la question.

Si l'affirmative n'est pas établie, il ne restera plus qu'un projet de bris de prison, qui n'ayant été suivi d'aucun commencement d'exécution, ne pourra plus constituer un délit...

On l'a dit, il importait aux hommes qui dirigaient le mouvement du 1er au 2 février, d'avoir des hommes disponibles sur les divers points de la capitale que l'on peut considérer comme les divers centres de la population ouvrière. Un motif particulier les engageait à porter des forces sur le boulevard de la Poudrière, mais devaient-ils cependant mettre dans le secret le nombre considérable d'hommes qu'il fallait réunir, et qui, dans le fait, ont été réunis.

Non sans doute, c'eût été une imprudence et une très inutile imprudence. Il suffisait d'entraîner, par différens prétextes, les hommes dont on avait besoin, et il est acquis au procès que le projet des Prouvaires était complétement ignoré dans différens quartiers où des rassemblemens s'étaient formés. C'est là une vérité dont je me suis surtout convaincu par les faits qui concernent Bousselot.

On attend des chefs.

On attend des armes.

On va vers la barrière Vaugirard dans l'espérance de trouver des armes dans un fiacre ; on n'en trouve pas ; et alors, à minuit, quelqu'un propose de se rendre près la cité pour y chanter et y amasser du monde. Quelle preuve plus évidente qu'il n'y a pas de projet concerté, arrêté, pour les hommes de l'Observatoire ? Il en est de même évidemment pour Dutillet.

Un individu, je ne veux pas examiner lequel, lui a dit qu'il existait un projet de délivrer les prisonniers de Sainte-Pélagie. Que ce soit un jeune homme qu'il a rencontré à Bordeaux, et qu'il ne peut désigner que sous le nom d'Alphonse ; que ce soit un ami qu'il ne veut pas compromettre ; c'est ce qui importe peu. Ce qui reste admissible, c'est qu'on ne lui a parlé que de délivrer les prisonniers politiques détenus à Sainte-Pélagie. Il est possible encore que l'on ait entraîné sa volonté, son consentement, en piquant son amour-propre.

« Auriez-vous peur ? — La peur ! je ne l'ai jamais connue ? »

Ces paroles du conspirateur et de l'ancien sergent-major, n'ont rien qui ne soit d'accord avec la position des deux interlocuteurs.

Il a donc pu se rendre sur le boulevart de la Salpétrière, Dutillet, uniquement dans l'intérêt des détenus de Sainte-Pélagie ; et le lieu était bien choisi pour se porter en masse sur cette prison.

Au surplus, ce projet de délivrer les prisonniers politiques était au nombre de ceux que l'on prête aux conjurés.

Pommier déclare que le 1er février il se rendait à Paris pour y subir un emprisonnement de cinq jours auquel il avait été condamné, lorsqu'il rencontra Billard qui fit route avec lui, et qui lui dit : « Si tu veux, tu ne feras pas tes cinq jours, car *ce soir* nous forçons les prisons. »

Il existe au surplus des faits qui prouvent d'une manière invincible que Dutillet ne soupçonnait pas les projets du café *Larcher.*

Bichelle a déclaré qu'il avait existé, le 1er février, à 6 heures du soir, une réunion chez Pâris le teinturier ; que Dutillet y était venu, qu'il y avait fait une distribution d'argent... Eh bien! quel ordre a-t-il donné?

L'ordre de se trouver à deux heures du matin *à la Salpétrière.* Et pourquoi?

Pour délivrer les prisonniers détenus à Sainte-Pélagie pour opinion.

Cela est clair et positif.

Voilà ce qu'a dit Dutillet, et ce n'est pas par des argumens divinatoires sur ce que savait ou ne savait pas Dutillet, qu'il est permis d'argumenter dans une cause de cette nature. Il a dit qu'il s'agissait de délivrer les détenus de Sainte-Pélage ; il n'a pas dit autre chose.

Le mot d'ordre et le mot de ralliement caracté-
risent bien l'entreprise :

LIBÉRATION, LIBERTÉ, DÉLIVRANCE.

En frappant un coup dans la main.

Il faut voir maintenant Dutillet sur le terrain.

Écoutons Bichelle.

« Nous nous sommes trouvés au rendez-vous in-
diqué à la Salpétrière, à deux heures de la nuit, le
2 février. Nous étions au nombre de 250 environ.

« Nous avons trouvé M. Dutillet. J'ai vu Alexandre
Caillot, son beau-frère Isidore, et autres ; M. Bocquet, déguisé en redingote et en casquette, comme
un ouvrier, donnant le bras à M. Dutillet.

« M. Dutillet nous fit voir un poignard large, dit de
la Vendée, qu'il avait dans sa manche, et nous dit
qu'il avait dans sa poche des pistolets et des munitions. Il ajouta qu'il attendait le chef pour distribuer
de l'argent et donner des ordres pour ce que l'on
devait faire ; que l'on commencerait par désarmer
le poste de la Salpétrière. »

Bichelle ne prétend point que ce soit pour s'emparer de la poudre ; cette partie de la déposition
s'applique à cette parole que Dutillet aurait dite
dans la réunion du 30 janvier : « On désarmera le
premier poste qu'on trouvera. » Cela suffisait, en
effet, pour le projet de Sainte-Pélagie.

« En ce moment, on a parlé de l'apparition de plusieurs exempts, ce qui a déterminé la troupe à se
disperser. J'ai suivi M. Dutillet ; j'étais avec le beau-
frère de Caillot ; M. Dutillet nous a quittés à la

Halle, en disant qu'il rentrait chez lui. Nous lui avons demandé quelque argent pour pouvoir attendre le jour dans un cabaret. Il avait de l'argent sur lui, mais il nous a priés de l'attendre, disant qu'il allait revenir pour entrer avec nous dans un cabaret. Il n'a plus reparu. »

Rien dans cette marche qui se rattache à la rue des Prouvaires. Rien !

Depuis une heure et demie, la force armée avait fait invasion chez Larcher, quand Dutillet est rencontré, non pas stationnant sur le quai de l'Ecole, mais se rendant chez lui.

C'est une question que celle de savoir si Dutillet était arrivé pour combattre.

Ses pistolets ne sont pas amorcés. Dutillet m'a dit que les cartouches saisies sur lui n'étaient pas du calibre de ses pistolets ; quelques expériences m'ont paru le démontrer : au surplus, point de baguette pour enfoncer ces cartouches, qui se trouvent ficelées.

Ne voulait-il que saisir une occasion de se défaire de ces munitions dont il n'avait aucun besoin ?

Au surplus, s'il voulait combattre, c'était pour briser les portes d'une prison, et non pas pour renverser un trône.

Or, le bris de prison est un crime que régit le droit commun, et qui ne commence qu'avec la tentative. Ici, point de tentative, ici, point de crime.

Il faut distinguer, dans les charges qui pèsent sur Dutillet, celles qui résultent de faits établis, de celles qui n'ont d'autre garantie que la parole de Bichelle.

Le seul fait établi, c'est l'arrestation, à deux heures et demie du matin, d'un homme armé, d'un homme qu'une pensée dangereuse avait agité peut-être, pensée qui, n'étant pas celle du crime de *lèse-majesté*, échappe à la juridiction des lois; pensée cruellement expiée par des traitemens affreux, et par une longue captivité.

Ce qui ne repose que sur le témoignage de Bichelle, ce sont les confidences que celui-ci prétend avoir reçues de Dutillet sur un voyage fait en Bretagne. Eh bien ! vous savez sous quels traits l'instruction a présenté ce témoin.

Bichelle, perdu de mœurs, comme le prouve une perquisition faite de trop bonne heure dans son réduit, a déjà flétri sa jeunesse par les habitudes de la plus honteuse mendicité. On le voit colporter de maison en maison les mensonges par lesquels il s'efforce de surprendre la sensibilité des personnes riches, et qui lui sont indiquées par la notoriété de leur bienfaisance; mensonges coupables, dont le résultat infaillible est de fermer le cœur à de véritables infortunes. Tantôt il s'agit de sa mère malade ; un autre jour, c'est à la sépulture de son père qu'il faut pourvoir. Une lettre, je ne vous donne plus ce fait comme un résultat du débat, une lettre m'assure que l'on a vu Bichelle prendre un pauvre vieillard aveugle sur le boulevart de la comédie italienne, le conduire chez un riche anglais dont il voulait émouvoir la pitié, en lui disant : Aidez-moi à secourir mon père aveugle, que voici, ma femme et trois enfans en bas âge, qui attendent du pain chez moi. Et c'est l'homme qui préfère tant d'ignominie au pain du soldat, qui dicterait les arrêts de la justice ! Il est moral, il est nécessaire de montrer qu'à force de dégradation, l'homme peut retirer toute puissance à sa parole ! Il est moral, il est nécessaire de considérer comme nulle la parole de Bichelle! Et, après tout, qui pourrait puiser dans une semblable source le sentiment de la conviction intime ?

— Mais la correspondance, mais les lettres de Dutillet, comment ne pas y trouver le complot ? C'est en effet le complot qu'il y faut voir pour y trouver quelque chose. Si ces lettres s'expliquaient par le dévouement de Dutillet à l'opinion royaliste, ce dévouement dont il va donner une preuve en brisant des fers que la politique a forgés, nous nous retrouverions en présence d'un projet de brisement de prison, c'est-à-dire d'un délit de droit commun qu'aucune tentative d'exécution n'a suivi, et qui par là même échappe à toute pénalité.

— Un sentiment qui s'est retrouvé souvent parmi les accusés, respire dans une lettre écrite par Dutillet, le 6 avril, à M. le procureur du roi.

Il dit dans cette lettre, monument de tendresse conjugale :

« Vous ne voudriez pas sans doute permettre qu'une femme, faible, sans influence aucune, dont l'unique occupation est de nous soutenir par son travail, fût condamnée à expier une prévention qui ne repose sur rien, par une mort que la contagion et sa prison malsaine peuvent à tout moment rendre prochaine et inévitable. Si une garantie est nécessaire pour sa mise en liberté jusqu'à ce que la chambre du conseil ait prononcé, plusieurs personnes honorables se feront un plaisir de répondre pour elle : elles savent fort bien qu'elle n'est capable ni de crime, ni de conspiration. Je n'ose vous demander aucune faveur pour moi ; toutes mes craintes sont pour elle ; pour elle aussi je ferai, s'il le faut, et cela avec plaisir, le sacrifice de ma santé et de ma liberté. »

Il est fort simple que l'homme à qui sa femme inspire de tels sentimens, se soit efforcé de la fortifier contre le désespoir, et que, le 3 février, il ait terminé par ces mots, la lettre écrite de sa première prison :

« *Si tu ne peux me voir, écris-moi. Adieu, mon amie, il faut du courage.* »

Il est tout aussi simple qu'au moment de partir pour la périlleuse entreprise de Sainte-Pélagie, il ait, dans la prévision d'une catastrophe, songé à l'avenir de celle que sa mort devait laisser sans ressource.

Je comprends, dans l'hypothèse de la délivrance projetée, cette lettre du 2 février qui, pour le cas de la mort ou de l'arrestation, appelle sur celle qui restera sans appui, la protection d'un ami qui s'était déjà montré favorable.

Mais quoi! cette lettre est terminée par le cri de *vive Henri V!* Oui, sans doute, Dutillet sait bien que ce cri est dans le cœur de l'ami qu'il veut intéresser, comme il est dans le sien, et c'est ce cri qu'un sentiment instinctif devait ramener sous sa plume.

Ce n'est pas une grâce, MM. les jurés, que je réclame au nom d'un soldat, c'est le respect de son droit et de sa position véritable.

S'il est possible au ministère public de parler encore d'affiliation, pas un élément du procès ne l'autorise à soutenir que mon client ait eu connaissance du projet d'attaquer les Tuileries le 2 février : or, c'est ce fait, et ce fait unique, qu'il faudrait établir pour obtenir de vous une réponse affirmative.

L'acquisition des armes, les clefs, tout cela lui reste complétement étranger : ainsi cette résolution d'agir, concertée, arrêtée, dont les Tuileries seraient le but, est étrangère, complétement étrangère à Dutillet. Pour compromettre Dutillet dans cette résolution d'agir, il faut se livrer à des inductions divinatoires. Quand pas un témoin ne lui reproche cette connaissance, quand Bichelle lui-même l'en justifie, il faut substituer des conjectures hasardées, des suppositions générales, à la preuve, positive, sans laquelle il n'y a pas de condamnation possible. Eh bien! c'est là condamner, non pas un homme, mais une position ; c'est violer un droit. Ah! sans doute, la position de l'accusé peut être changée, pour absoudre, mais pour condamner, jamais!...

MM. les jurés, qu'il me soit permis, en terminant cette discussion, de m'étonner, de m'affliger surtout d'un système d'argumentation qui forme un remarquable contraste avec le ton général de l'accusation. On entend trop souvent des magistrats du ministère public essayer d'exalter l'imagination des juges et des jurés, par le tableau des malheurs vrais ou supposés de l'état social, par celui surtout des dangers qui le menacent; oui, trop souvent, à côté de ce mot : *il faut en finir*, que la police sait traduire par de coupables machinations, vient se placer ce mot : *il faut faire un exemple*, qui devient presque toujours le signal d'une injustice. Et pourquoi porter le trouble dans les esprits au moment où le calme est si nécessaire? A-t-on d'ailleurs bien compris tout ce qu'il y a de profondément injuste dans une semblable considération. Un jugement n'est pas un acte d'administration; c'est l'appréciation du passé, et ce n'est qu'occasionnellement qu'il peut devenir un préservatif pour l'avenir. Le juge doit s'occuper de ce qui est; ce qui sera n'est pas de son domaine; s'il ne s'agissait que de jeter dans la nation un sentiment d'épouvante et de terreur, la culpabilité des condamnés ne serait pas même une condition nécessaire de la condamnation : que dis-je? l'enseignement serait d'autant plus terrible que les victimes offertes en holocauste à la sûreté du pouvoir, seraient plus nobles et plus pures : comment oser se mettre en opposition avec l'autorité, lorsqu'une compromission, quelle qu'elle soit, pourrait toujours donner la mort ? Ah! c'est oublier les sources du droit de punir ; c'est mettre la vengeance ou l'intérêt là où ne doivent se retrouver que la raison et la justice. Des pensées plus consolantes ont animé l'organe du ministère public, lorsqu'un sentiment instinctif lui a dit de mettre hors du débat, tranchons le mot, vingt-cinq des accusés ; ici, l'accusation a subi l'influence de la conscience publique. Un sentiment universel tient compte des résultats des événemens, à part une mort qu'il faut déplorer sans doute, mais qu'une autre mort a vengée. Que voyons-nous donc dans cette cause ? des regrets, des vœux, des espérances que les antécédens expliquent, que la reconnaissance explique encore, et qu'il faut que le gouvernement sache combattre par du bonheur et de la gloire ; partout des actes de bienfaisance dont on n'entend pas le récit sans un profond attendrissement ; et, pour un bien petit nombre, une de ces scènes nocturnes qui viennent quelquefois troubler le repos de la cité, et que, trois quarts d'heure avant l'arrivée des armes, la police municipale avait le devoir de prévenir : projet avorté avant que de naître, que dix-huit fusils de chanceuse origine ne permettaient pas d'exécuter, qui s'abîmait dans l'ivresse, et qui, par cela même, avait été positivement déserté par ceux-là seuls qui pouvaient lui donner l'impulsion : voilà la rue des Prouvaires ; voilà ce qui motive les abandons du ministère public ; voilà ce qui me donne le pressentiment des résolutions négatives que nous attendons de votre justice, et qui sont aussi les seules qui puissent ressortir des débats.....

<hr>

(EXTRAIT DU MONITEUR DU 26 JUILLET.)

Séance du 24 juillet.

M. Frank-Carré, remplissant les fonctions d'avocat général, s'exprime ainsi :

« Messieurs les jurés, vous n'attendez pas sans doute de moi, que nous suivions la défense dans les longs développemens historiques qu'elle vous a présentés; que nous allions demander des exemples à Rome et à la Grèce, ni emprunter, comme l'a fait la défense, des leçons de sagesse et d'expérience au Bas-Empire.

« Notre devoir nous prescrit de nous placer sur le terrain même de l'accusation, déjà malheureusement si large, et d'y appeler aussi la défense, qui, selon nous, a tant fait pour en sortir.

« Vous ne craignez pas non plus que nous prenions de nouveau la parole pour répondre à cet acte incroyable d'accusation, à ces violentes et calomnieuses attaques dirigées contre la police. C'est à votre sagesse, Messieurs, c'est à votre stricte et impartiale équité, c'est surtout à l'attention scrupuleuse que vous avez apportée à ces longs débats, que nous nous en rapportons du soin d'en faire justice.

« Nous n'insisterons pas davantage sur les faits mêmes de cette cause. Nous ne répéterons pas devant vous des détails qui résultent clairement, selon nous, des longs débats que vous avez entendus, détails qui ont d'ailleurs été présentés par le ministère public dans sa première plaidoirie, et sur lesquels la défense vous a donné ses explications.

« C'est exclusivement sur le point de droit que le ministère public veut et doit vous soumettre quelques observations. La défense, pour avoir meilleur marché de l'accusation, l'a complétement défigurée. Elle l'a faite à sa guise. Ce n'est point à une accusation réelle, c'est-à-dire telle qu'elle s'est produite devant vous, mais à une accusation fantastique, si nous pouvons nous exprimer ainsi, que l'on a répondu, et c'est contre ce fantôme que la défense a dirigé tous ses feux. Chacun des organes de la défense s'est, pour ainsi dire, placé en chaire, et vous a exposé ses doctrines sur la définition de l'attentat et du complot. Malheureusement l'argumentation sur le Code pénal paraît avoir fait oublier à la défense le texte de ce Code et le texte du Code d'instruction criminelle.

(M. l'avocat général établit que les défenseurs ont perpétuellement confondu l'ancien Code pénal de 1810, avec la réforme de ce Code par la loi en vigueur depuis le 1er juin ; le rapport remarquable de M. Dumon à la Chambre des députés ne peut, sur ce point, laisser des doutes raisonnables. Si les doctrines qu'on a soutenues étaient vraies, ce serait contre l'arrêt de renvoi de la Cour royale que l'on aurait dû se pourvoir. Faute d'avoir exercé un recours contre cet arrêt, dans le délai de cinq jours prescrit par la loi, les questions doivent être posées d'après le résumé qui termine l'acte d'accusation.)

« En résumé, le complot consiste dans les actes commis pour en commencer ou préparer l'exécution : or, nous voyons ce commencement d'exécution dans la division des conjurés par escouades ou brigades, dans les remises d'argent, dans les versemens ou embauchages, quoique nous convenions, avec la défense, de l'impropriété de ce dernier terme.

« Mais on est allé encore plus loin : par suite de ces préparatifs, on s'est réuni; des armes ont été apportées; elles ont été chargées; on a sauté un degré de plus, et l'on est arrivé du complot à l'attentat. Telles sont les définitions de la loi elle-même; vous les apprécierez, Messieurs les jurés, et vous entendrez aussi les explications nouvelles de la défense. »

M. l'avocat général a dit aussi qu'il y avait complot dès que les conjurés s'étaient trouvés d'accord sur le but, qu'il n'était pas nécessaire qu'il y eût accord sur les moyens.

MM. les avocats se retirent à la Bibliothèque, pour y conférer sur le réquisitoire de M. l'avocat général.

Après une heure de suspension, l'audience est reprise; Me Hennequin, chargé de répliquer au nom du barreau, s'exprime ainsi :

MESSIEURS,

La défense n'a point invoqué la sagesse du Bas-Empire. Reproche inattendu, et que réfutent les principes généreux, les doctrines amies de l'humanité développées devant vous précisément pour prévenir le retour de ces condamnations arbitraires, insensées, qui livrent la mémoire de tant d'empereurs à tous les mépris de l'histoire.

La défense n'a pas eu non plus le tort de calomnier la police; calomnier la police serait un grand malheur! Mais quoi! l'exercice d'un droit, l'accomplissement d'un devoir, peuvent-ils motiver cette affligeante imputation?

Il était dans le droit des accusés, et dès lors il rentrait dans le devoir des défenseurs de rappeler à la police ses omissions volontaires, ses torts évidens, et même d'apprécier, d'examiner ses torts probables. Est-ce donc calomnier la police, que de dire, comme nous l'avons fait, qu'initiée de bonne heure à quelques unes de ces agitations qui suivent toujours les grands changemens politiques, elle a laissé grandir, se fortifier, des projets qu'il était de son devoir d'arrêter dans leur marche; que ces projets si bien connus d'elle, elle en a secondé, favorisé les développemens; qu'elle n'a point entravé le marché destiné à placer des armes dans les mains des hommes qu'elle voulait perdre. Est-ce donc ca-

lomnier la police, que de dire qu'il peut être considéré comme acquis au débat, que le magistrat
chargé de veiller à la sécurité publique, et dont le
premier devoir est de prévenir les délits, n'a point
fait entendre à Dermenon cette prohibition que
commandaient tous les genres de considération et
d'intérêt. Sur ce point, les souvenirs du magistrat et
ses assertions, toutes positives qu'elles soient, sont
venues échouer devant les dénégations de Dermenon et les paroles de M. Nolté, homme si digne de
confiance et d'estime, au dire de M. le Préfet de
Police lui-même. Malheur plus grand encore! A la
place de cette prohibition que l'humanité réclamait,
la déposition de M. Barthélemy nous fait voir une
autorisation positive, mais dont, à la vérité, on ne
devait user qu'avec modération et sollicitude. Comment ne pas ajouter foi aux paroles d'un témoin qui
réclame hautement une vérification immédiate et
décisive, et quel crédit peuvent encore conserver
les dénégations de celui qui se refuse à cette épreuve
solennelle et péremtoire; ou qui, du moins, ne
joint pas sa voix à celle de son accusateur pour arriver ainsi promptement à la manifestation de la
vérité, à la confusion du coupable !

Est-ce donc calomnier la police que de dire qu'à
minuit, c'est-à-dire trois quarts d'heure avant l'arrivée des armes, il était de son devoir de faire sortir
du restaurant Larcher les rétardataires qui s'y trouvaient dans l'ivresse et dans le tumulte? Ce rassemblement nocturne, M. Carlier ne l'ignorait pas.

Pourquoi donc la sagesse des ordonnances municipales est-elle mise en oubli? pourquoi d'affreuses catastrophes sont-elles préparées? M. Carlier vous l'a dit, c'est qu'il fallait à la police un commencement d'exécution, un crime, la possibilité d'un échafaud, et ce triomphe on ne craint pas de le payer de la vie, peut-être, de l'un des hommes que la police emploie : la mort du sergent Houel, celle d'un inconnu qui très probablement l'avait frappé comme on renverse un obstacle, ont été les fruits de cette coupable temporisation. Sur qui donc doit retomber le sang de ces deux victimes?

Enfin, ce n'est pas calomnier la police, que de chercher à dissiper les obscurités dont s'environna cette affaire dès son origine; que de chercher à démasquer, à connaître le mystérieux vieillard, cette cause première, cette cause impulsive de l'événement du 2 février.

Voilà ce que la défense a fait dans l'intention de conquérir un verdict d'acquittement pour prix de ses investigations; et le plus cruel reproche est le fruit de sa loyauté, de sa persévérance, de son courage. Eh bien! ce que vous a dit la défense, la réplique le rappelle en ce moment, et vous supplie, Jurés, de ne pas oublier que le plus grand service que vous puissiez rendre au pays, c'est d'éclairer et d'avertir une autorité qui s'égare.

Du reste, aucun de nous n'a prétendu s'asseoir dans une chaire, comme vous l'a dit M. l'avocat général, et n'a pu confondre la défense avec l'enseignement. Trop de douloureuses circonstances nous montraient qu'un devoir plus pénible nous appelait dans cette enceinte. Il s'agissait de retracer les principes qui régissent le complot et l'attentat ; il fallait vous faire assister à la marche progressive de la volonté, saisir la pensée de la loi nouvelle, satisfaire à toutes les nécessités de la discussion ; il fallait éclairer vos consciences avides de justice et de vérité : voilà ce que nous avons fait et ce que la réplique de M. l'avocat général nous appelle à faire encore.

C'est une cause toute de doctrine que vous allez juger, précisément parce que c'est une cause de droit exceptionnel. Dans l'examen de tout autre problème il est possible de s'en référer aux inspirations de l'équité naturelle, mais il s'agit ici de méditer sur les modifications que l'intérêt de la politique fait subir au droit commun. La connaissance des besoins de l'ordre social, la doctrine, dans ce qu'elle a de plus élevé, deviennent dès lors des guides nécessaires. Et cependant je ne rentrerai pas dans des explications entendues avec une religieuse attention.

Reconnaître les vérités acquises.

Rétablir les propositions contestées.

C'est là tout l'office de la réplique ; c'est là, je le comprends, toute la mission dont je me trouve investi, et par l'intérêt de mes cliens et par la confiance de mes confrères.

Il est acquis que le crime de lèse-majesté se compose de trois élémens constitutifs, ou, si l'on veut, se subdivise en trois périodes distinctes.

Le complot, c'est-à-dire le projet, la partie interne, intellectuelle de la conjuration ;

Les préparatifs ;

L'attentat.

Les expressions de *complices*, de *complicité*, de *complot*, n'ont pas reparu dans la réplique du ministère public : il est donc bien compris que, dans cette partie de la législation, on ne peut connaître que des auteurs, que des inventeurs, mais qu'on ne saurait y observer les nuances qui, dans les délits ordinaires, séparent le crime principal de la complicité.

Le complot, d'après l'accusation comme d'après la défense, c'est une résolution d'agir, concertée et arrêtée entre plusieurs.

Ici se prononce un grave dissentiment : la résolution d'agir, c'est-à-dire le complot, existe, a dit l'accusation, *par cela seul que les conjurés se sont trouvés d'accord sur le but* ; la défense a dit : l'unanimité sur le but ne suffit pas, il faut *accord sur les moyens*.

Le texte de la loi, une autorité grave et que le ministère public ne récusera pas, vont prononcer entre les deux opinions ; mais d'abord, qu'il me soit permis de faire ressortir une révélation de ce dissentiment même. C'est précisément parce que l'accusation sait très bien que l'accord sur les moyens n'a point existé dans le procès actuel, qu'elle essaie de signaler cette condition comme superflue ; le droit est appelé au secours de l'insuffisance du fait ; et la prétention du ministère public est un aveu d'impuissance.

Consultons d'abord le texte de la loi :

« Art. 89. Le complot ayant pour but les crimes « mentionnés aux articles 86 (le parricide ou le « meurtre de l'un des membres de la famille « royale) et 87 (le renversement de la consti- « tution), s'il a été suivi d'un acte commis ou « commencé pour en préparer l'exécution, sera « puni de la déportation ; s'il n'a été suivi d'aucun « acte commis ou commencé pour en préparer « l'exécution, la peine sera la détention. »

« Il y a complot dès que la résolution d'agir est « *concertée* et *arrêtée* entre deux ou plusieurs per- « sonnes. »

Le problème n'est-il pas ici résolu par le sens évident et nécessaire des mots ? Est-il possible de dire qu'un projet est concerté, quand ceux qui l'ont conçu et qui ont résolu de le conduire au dernier terme ne sont point d'accord sur les moyens de succès. Si le projet périt parce que les mesures ont été mal prises, le premier cri n'est-il pas celui-ci : Eh quoi ! vous ne vous étiez donc pas concertés ? Quel imprudent conspirateur oserait dire que tout est concerté par cela seul que ses amis et lui se sont rencontrés dans le besoin de renverser le pouvoir ? Des desirs, des vengeances, de l'ambition, des projets ne sont pas un complot. Le complot, c'est la pensée complète du crime, c'est le crime préparé dans toutes ses parties, dans toutes ses nécessités par l'intelligence, c'est Minerve toute armée qui va s'élancer de la tête du maître des dieux.

Qu'une autorité grave vienne maintenant confirmer ces vérités que déjà nous avons trouvées dans les expressions du législateur.

Je lis dans M. Carnot :

« Toutes les questions que peut faire naître l'application de l'article 89 furent solennellement discutées devant la Cour des Pairs, lors du jugement de la conspiration du 19 août 1819. M. l'avocat Berville, qui était chargé de la défense d'un des accusés, traita la matière ex-professo. Voici comment on trouve son plaidoyer rapporté dans une feuille publique que nous avons sous les yeux, et nous croyons pouvoir le donner *comme devant être le meilleur commentaire que l'on puisse faire de l'article* 89.

« Le complot défini par nos lois pénales est un crime d'une nature toute particulière, un crime d'exception : en toute autre matière la justice humaine ne punit que les actes ; ici la simple volonté comparaît au tribunal des hommes.

« Mais, puisqu'ici la volonté est le seul élément du crime, voyons à quelle condition le législateur s'est décidé à déclarer la volonté criminelle.

« Ce que la loi punit, est un contrat de société

contre la sûreté de l'état : le projet isolé d'un attentat, tout horrible qu'il puisse être aux yeux de la
morale, n'est rien encore aux yeux de la loi ; mais le
pacte d'association pour un attentat, voilà l'objet de
son animadversion.

« Ainsi le crime que le législateur veut réprimer,
c'est le contrat, c'est l'association ; et qu'est-ce que
l'association? qu'est-ce que le contrat? L'unité de
volonté, l'unité parfaite, entière, définitive ; tant
qu'on diffère, ou que l'on peut différer sur le but,
les conditions, *les moyens, les fonctions à remplir,*
le pacte n'existe pas, la société n'existe pas. »

M. Berville, cité plus d'une fois dans cette discussion, se représente en ce moment à vous, fort
d'une puissance nouvelle. Tout habile interprète
qu'il se montrait de la plus saine doctrine, il
était, devant la Cour des Pairs, le patron du malheur ; il voulait briser des fers. Sa raison pouvait
être séduite, entraînée, on pouvait le penser du
moins.

Dans le livre de M. Carnot, M. Berville devient
l'oracle impartial de la loi. L'autorité de sa parole
s'accroît de l'assentiment d'un grand criminaliste ;
et, lorsque je songe que celui qui nous donne une
idée si complète du complot, est l'un des premiers
et des plus éloquens organes du parquet de la Cour,
je dis que je ne saurais placer l'opinion que je soutiens sous une égide plus puissante et plus protectrice, et entendez bien les paroles de M. Berville :

« Tant que l'on diffère ou que l'on peut différer
« sur le but, les conditions, les moyens, les fonc-
« tions à remplir, le pacte n'existe pas, la société
« n'existe pas. »

> Demain, au Capitole, il fait un sacrifice :
> Qu'il en soit la victime, et faisons en ces lieux
> Justice à tout le monde, à la face des dieux !
> Là presque pour sa suite il n'a que notre troupe :
> C'est de ma main qu'il prend et l'encens et la coupe ;
> Et je veux, pour signal, que cette même main
> Lui donne, au lieu d'encens, d'un poignard dans le sein.
> Là, par un coup mortel, la victime frappée,
> Fera voir si je suis du sang du grand Pompée !
> Faites voir, après moi, si vous vous souvenez
> Des illustres aïeux de qui vous êtes nés !
> A peine ai-je parlé, que chacun renouvelle
> Par un noble serment le vœu d'être fidèle :
> L'occasion leur plaît ; mais chacun veut pour soi
> L'honneur du premier coup que j'ai choisi pour moi.
> La raison règle enfin l'ardeur qui les emporte :
> Maxime et la moitié s'assurent de la porte ;
> L'autre moitié me suit et doit l'environner,
> Prête au moindre signal que je voudrai donner.
> Voilà, belle Émilie, à quel point nous en sommes.

Quelle image vivante du complot ! Accord parfait
sur le but, sur les moyens, sur les fonctions à remplir.

Je m'arrête ! La conviction semble pénétrer autour
de moi dans tous les esprits ! Il n'est personne dans
cette enceinte qui ne considère, j'en suis certain,

l'accord *sur les moyens* comme une condition substantielle, nécessaire du complot; et il serait difficile de dire quel est celui des accusés qui ne trouve pas dans la victoire, dans le triomphe que les principes obtiennent en ce moment , acquittement, salut, liberté!

Vous avez remarqué, Messieurs, que sur la définition du complot, la législation nouvelle est identiquement celle de l'ancien Code pénal; que s'il y a quelque changement dans les mots, il y a identité dans le principe : c'est ce que le ministère public reconnaît, et ce qu'établirait au besoin le reprochement des deux textes [1] : les commentaires nés de l'ancienne loi, conservent donc toute leur autorité sous la loi nouvelle. Il y a mieux, les améliorations introduites dans cette partie du droit criminel sont signalées à la reconnaissance des accusés ! Eh bien, le Code de l'an X exigeait l'accord sur les moyens, comment une loi plus indulgente ne l'exigerait-elle pas?

La seconde période indiquée par la loi, celle des préparatifs, est devenue le sujet d'un nouveau dissentiment.

---

[1] Art. 89 , abrogé par la loi du 28 avril 1832: « Il y a complot « dès que la résolution d'agir est concertée et arrêtée entre deux « conspirateurs ou un plus grand nombre , quoiqu'il n'y ait pas « d'attentat. »

Art. 89 de la loi du 28 avril : « Il y a complot dès que la réso- « lution d'agir est concertée et arrêtée entre deux ou plusieurs « personnes. »

Il est bien vrai que le législateur n'a point essayé l'énumération de tous les actes qu'il fallait ranger dans la classe des préparatifs; cependant un mot de la loi projette au loin une grande lumière.

« Art. 89. Le complot, s'il a été suivi d'un acte « commis ou commencé pour en préparer l'exécu- « tion, sera puni de la déportation ; s'il n'a été « suivi d'aucun acte commis ou commencé pour « en préparer l'exécution, la peine sera celle de la « détention. »

Ainsi, l'existence du complot, c'est-à-dire de la résolution d'agir concertée et arrêtée, pose la barrière entre le passé qu'il n'est plus permis d'interroger, et ces temps postérieurs au complot où seulement il est possible de placer des incriminations.

Accusateur, datez le complot; datez-le avec précision. Cette nécessité de dater, la loi vous l'impose; cette date, je la réclame parce qu'elle ferme un abîme.

Point de préparatifs avant l'existence du complot, et depuis ce moment le nom de préparatifs seulement aux actes faits pour en préparer l'exécution, c'est-à-dire faits avec la connaissance de la résolution d'agir, concertée, arrêtée. A part cette résolution d'agir, les préparatifs ne sont plus rien, je l'ai démontré, et je m'en réfère sur ce point à vos souvenirs. Du reste, on peut, à ces signes certains, reconnaître les actes que la loi veut désigner sous le nom de préparatifs. Ces actes sont quelque chose de plus que le complot, et quelque chose de moins que l'attentat. Et vous avez reconnu l'erreur du ministère public, quand il vous a dit que la formation d'une liste, que l'existence d'un rassemblement pouvait appartenir à la catégorie des préparatifs, mais que la préparation des armes se revêtait nécessairement du caractère de l'attentat. Encore ici je dois reporter votre attention sur des réflexions déjà présentées, et que le ministère public n'a combattues que par des paroles purement énonciatives, mais qu'il n'a point réfutées; la doctrine du ministère public, ce serait la mort, MM. les jurés, pour avoir mis en état de faire feu une arme restée inoffensive!

. La tentative, car nous voilà dans la période de l'attentat, c'est déjà, considérée en elle-même, quelque chose d'illégal, un crime, un délit, ou du moins une contravention; et la simple préparation des armes n'est rien de tout cela.

Inutile de vous parler de la fin de non-recevoir que l'accusation veut extraire de l'arrêt de renvoi. La Cour a jugé qu'il y avait indice suffisant de complot, de préparatifs et d'attentat, mais n'a point prétendu caractériser définitivement les faits. C'est à vous, et en présence d'une instruction complète, qu'il appartient de donner aux circonstances qui resteront certaines pour vous, le nom que les débats leur auront imprimé : on ne meurt point et on ne condamne personne à mort par fin de non-recevoir.

J'ai parlé de la nature du crime que vous avez à juger, je parle désormais de la nature de la preuve, non pas considérée en thèse générale [1], mais de la preuve spéciale que le juge a le droit d'exiger en matière de complot.

Ici le corps du délit, c'est une volonté, une résolution revêtue des caractères déterminés par la loi; le corps du délit, c'est l'existence de cette volonté, de cette résolution caractérisée, que le ministère public doit montrer chez chacun de ceux qu'il menace des peines du complot.

Mais comment donner la preuve d'une pensée? Accusateurs, demandez compte à la loi de l'embarras de votre situation : mais apparemment que la difficulté de la preuve ne fera pas perdre de vue sa nécessité. La confiance trahie, l'indiscrétion, la fatalité, ne viendront que trop souvent à votre secours!

S'agit-il de montrer dans des actes, innocens en eux-mêmes, les préparatifs de l'insurrection? Datez ces actes, faites remarquer qu'ils sont postérieurs à la résolution d'agir, liez-les surtout à cette résolution. Prouvez non seulement que le préparateur était dans la confidence d'un mouvement quelconque; mais dans la confidence de cette nature de mouvement défini par les art. 88 et 89 du Code pénal; ne confondez pas l'émeutier vulgaire avec le conspirateur, prouvez que l'homme qui est menacé par vous de la déportation ou d'une éternelle captivité,

---

[1] *Voir*, à la fin de cet écrit, une dissertation sur la preuve en matière criminelle.

avait accepté de si redoutables chances. Ah! surtout citez la loi qui donne du moins à ce que vous signalez comme un attentat, le caractère de la tentative. Montrez une infraction quelconque dans une action qui doit conduire à l'échafaud ; et rattachez cette infraction au complot dont on voulait ainsi commencer l'exécution.

Que le ministère public reste placé sous l'empire des conditions écrites dans la loi; que son argumentation soit une chaîne dont l'œil puisse facilement distinguer tous les anneaux; que si la trame se rompt entre ses mains, son œuvre périsse, c'est une nécessité qu'il doit subir, puisqu'elle est imposée par le droit exceptionnel qu'il invoque. Combien, à la lueur de ces principes, vont se dissiper de fantômes et d'illusions! Et d'abord il faut effacer du procès tous les faits antérieurs à l'existence du complot, c'est-à-dire, car il faut ne l'oublier jamais, à l'existence de la résolution conçue et arrêtée d'attaquer le château des Tuileries dans la nuit du 2 février. Les listes, l'argent donné, les affiliations ou les embrigademens, les paroles hostiles et passionnées, ces interminables épisodes où tant d'heures se sont consumées, disparaissent de l'instruction dès l'instant que le ministère public ne les rattache pas d'une manière claire et précise au complot dénoncé.

Ce seul mot, *en connaissance de cause*, absout une foule de faits présentés avec grand bruit comme les coupables préparatifs de la révolte. L'attentat ne se

trouve plus nulle part; et vous, jurés, vous échap-
pez aux plus cruelles erreurs, au plus douloureuses
méprises; vous restez sans responsabilité, comme
sans regrets : vous êtes justes, vous conservez à chacun de ceux dont vous vous trouvez les juges, sa
position telle que l'ont faite les débats et les lois.

MM. Hennequin, Odillon-Barrot, Coffinières et Parquin avaient été chargés devant la Chambre des Pairs, dans le procès de la conspiration du mois d'août 1820, de répliquer au ministère public. Nous croyons utile de donner quelques extraits de la réplique de Mᵉ Hennequin, chargé d'examiner quel doit être, en matière criminelle, le caractère de la preuve.

« NOBLES PAIRS,

« Est-il vrai que les juges et les jurés soient condamnés, par les lois nouvelles, au malheur de marcher, d'errer, de s'égarer, sans conducteur et sans guide, au milieu des obscurités et du dédale des procédures criminelles ? Est-il vrai qu'aujourd'hui, en 1821, tout soit remplacé pour les accusés par les hasards de la fatalité et par je ne sais quelle doctrine de l'arbitraire ?

« Voilà ce que je vais examiner. Je viens rechercher avec vos Seigneries s'il est vrai que les plus chers intérêts de l'homme, sa liberté, sa vie, son honneur, soient pour ainsi dire sans garantie, et que le sort de ces grandes luttes soit abandonné désormais au caprice des impressions du moment. C'est dans la discussion des doctrines judiciaires du ministère public que je dois me renfermer. Il me sera ensuite permis de prononcer un mot dans mon intérêt, de donner quelques explications qui peuvent être encore nécessaires à la défense de mon client.

« Les défenseurs ont compris que ce serait prolonger par trop long-temps la contention d'esprit, les sacrifices de toute nature que ce procès impose à la noble Cour, que de rentrer vingt-neuf fois dans la carrière, et c'est ainsi que notre confiance réciproque a remis à quelques défenseurs le droit de prendre la parole dans ces derniers instans.

« Quelle doit être la nature, les caractères de la preuve en matière criminelle? Comment le ministère public doit-il prouver le crime ou le délit dont il demande la réparation? Voilà le problème qui doit être l'objet de mon examen : je l'aborde à l'instant.

« Aujourd'hui, nobles Pairs , les accusés trouvent dans notre droit criminel la plus forte des garanties que le législateur leur ait jamais donnée. Aujourd'hui les condamnations ne peuvent être que la conviction intime du juge. Mais qu'est-ce donc que la conviction intime? N'est-ce pas cet état de l'ame qui exclut toute incertitude ; cette situation qui ne premet pas d'apercevoir la possibilité de l'innocence ; cette démonstration qui, marchant avec une certitude invincible du connu à l'inconnu , ne permettrait pas d'errer, sans une sorte de renversement des lois ordinaires de la nature? Or, cette conviction peut-elle jamais résulter d'une impression fortuite ou fugitive?

« Peut-on la trouver dans l'aveu, lorsqu'il est seul, dans des paroles destituées de tout autre indice? peut-on la rencontrer dans des témoins mal instruits ou mal intentionnés?

« *L'aveu :* Quelle peut être sa force, son autorité?

« Dans toutes les discussions judiciaires, nobles Pairs, c'est au demandeur à prouver sa thèse, et ce serait d'abord une bien étrange exception aux principes, que cette facilité accordée à l'accusation de se présenter sans armes. Et quelle ne serait pas l'injustice de cette doctrine! Quoi! l'accusé ne peut porter témoignage pour lui-même! Il ne peut donner le caractère de la vérité aux faits justificatifs qu'il déclare, et il n'aurait que le cruel privilége de s'accuser et de se perdre! On comprend qu'il y a là-dedans quelque chose que la raison repousse. Et c'est la remarque de Paul Rizzi, jurisconsulte milanais : « Quel malheur ne serait-ce pas pour l'homme, si son témoignage n'avait valeur auprès des juges que lorsqu'il porte contre lui-même! Quelle fureur et quelle maxime plus tyrannique que celle qui établirait que ceux-là seuls sont à croire qui se chargent et s'accusent par leur propre témoignage, et non ceux qui s'excusent et se défendent! »

« Une seconde réflexion se présente. Comment procède-t-on à l'interrogatoire des accusés ? N'est-il pas vrai que, pour les rassurer, les ramener au vrai, le juge les exhorte à ne rien craindre, les assure que tout dire c'est le moyen d'intéresser pour eux la justice ? Et il arriverait que, par une sorte de déloyauté légale, le juge s'emparerait de l'aveu ainsi arraché, et dirait à l'accusé : « Tu m'as écouté, tu as déclaré ce que je te demandais; eh bien! maintenant cette confession que tu ne voulais pas faire devient une preuve contre toi. » Non, cette supposition de s'autoriser des aveux contre les accusés, de leurs aveux mêmes, a quelque chose que la raison rejette avec énergie. Et d'ailleurs, seraient-elles perdues pour les accusés ces cruelles expériences qui ont tant de fois appris que les aveux étaient un guide trompeur ? Et qui peut dire si ce n'est pas au désespoir qu'il faut attribuer les aveux ? Cette espèce de suicide judiciaire, qui sait si ce n'est pas l'inspiration de la générosité, surtout quand on voit sur les bancs de jeunes guerriers qui, par un courage nouveau, se font un devoir de concentrer sur eux les dangers de la justice, comme au jour de bataille ils appelaient sur leur poitrine tous les fers de l'ennemi ?

« Il ne convient plus d'interroger les fastes de la jurisprudence criminelle, de citer les déplorables exemples que les aveux ont amenés, quand un magistrat vous a montré quel abîme on creusait sous vos pieds. Que dire après ce défenseur sacré, ce père [1], cet orateur qui fait pleurer en se montrant, et qui vous a rappelé un procès d'autant plus mémorable, qu'il se rattache à un des beaux noms de la magistrature?

« Telle est, dit Quintilien, la nature de toute confession, que quiconque fait l'aveu d'un crime peut être considéré comme un être en démence. L'un s'y trouvera poussé par la fureur; un autre par une sorte d'ivresse; celui-ci sera victime d'une méprise; cet autre sera poussé par la douleur.

« *Ea natura est omnis confessionis, ut possit videri demens qui de se confitetur. Hic furore impulsus est, alius ebrietate, alius errore, alius dolore.*

« J'ai dit que la conviction intime ne se trouve pas dans la déclaration de l'accusé. La trouvons-nous dans les paroles dont on voudrait s'armer contre eux? Les paroles sont de deux natures : ou elles constatent un fait que l'accusé rapporte et que l'accusateur incrimine, ou elles contiennent un fait que l'accusé explique d'une manière, et l'accusateur d'une autre : en telle sorte qu'il y a des paroles positives et des paroles soumises à des interprétations.

« Et d'abord, est-on bien sûr que la déclaration de l'accusé a été bien exactement recueillie? Le ministère public a remarqué avec justesse le peu

---

[1] M. Hutteau, défenseur de son fils.

de foi qu'on devait ajouter aux procès-verbaux.
Il n'est pas toujours absolument certain qu'il n'ait
pas échappé, soit à celui qui parlait, soit à celui
qui écrivait, une erreur au moins possible. Ainsi
vous vous trouvez en garde contre le système des
paroles, par l'extrême difficulté de les recueillir
toujours avec une extrême fidélité. Et c'est M. le
Procureur général lui-même qui vous a loyalement
signalé ce premier danger. Mais j'examine les paroles que l'on avoue, et qui racontent un fait constant. Il faut le dire, nobles Pairs, un accusé se
trouve dans une sorte d'état hostile avec la société
qui le poursuit. Il se défend ; c'est le moment du
danger et celui des systèmes. Un accusé qui ne sait
pas les lois, qui ne connaît pas le caractère des actions que la loi condamne, imagine, pour se justi-
fier, de mettre en avant un fait faux qui sera précisément celui que la loi réprouve, au lieu d'une
vérité qui l'aurait justifié. Je suppose que des
hommes cherchent à ébranler un gouvernement ;
qu'ils parviennent à faire lire des proclamations
dans des casernes ; que l'on saisisse des soldats, et
qu'on s'occupe de la question de savoir si l'on doit
condamner. Supposons que les juges adoptent en
principe qu'ils condamneront seulement ceux qui
auront entendu les proclamations. Cependant parmi les accusés se trouve un homme que séduit un
système de défense assez plausible. Cet homme n'a
point entendu la proclamation, mais il croit devoir,
sur ce point, tromper la justice. Je dirai que je con-

naissais la proclamation ; que je savais qu'on mar-
chait contre le gouvernement, et que si je suis resté
sous les armes, c'était pour attendre le moment où
les troupes de l'autorité paraîtraient, et abandonner alors la cause des rebelles. C'est un système
plausible, mais c'est un système de mort pour le
malheureux qui s'accuse par une supposition men-
songère.

« Je ne crois donc pas que ce soient les récits
d'un accusé qui puissent offrir à la justice les élémens de la conviction intime que la loi réclame. Je
ne ferai pas l'injure à vos Seigneuries de leur parler de
paroles douteuses, et de chercher si l'on peut y puiser une conviction intime. Ainsi je n'ai plus besoin
de rappeler la solide défense de celui qui vous disait
qu'on n'expliquait pas *une lettre mystérieuse avec un
arrêt de condamnation*[1]*, parce que la doctrine du
ministère public est sur ce point favorable à la défense. M. le Procureur général vous demande une
conviction intime, et professe, avec tous les criminalistes, cette maxime toute remplie de raison et d'humanité, que les doutes se doivent résoudre en faveur
de l'absolution.*

« Avant d'abandonner les aveux et les paroles, un
mot sur l'indivisibilité de l'aveu.

« Sans doute lorsque le ministère public prouve
sa thèse, quand il n'en demande pas la preuve à l'accusé, il peut bien ne pas être lié par une déclaration

---

[1] M. Persil.

dont il n'a pas besoin. Mais quand toutes les preuves résident dans la déclaration de l'accusé, de quel droit le ministère public irait-il choisir dans les déclarations qu'il invoque ? S'il a des preuves pour le commencement du récit, indépendamment de la déclaration, il pourra en contester le reste ; mais si toute sa preuve est tirée de cette déclaration même, il devra l'accueillir tout entière.....

« Aujourd'hui, comme autrefois, il n'y aura point de condamnation sur des aveux, sur de simples paroles ; et l'aveu, quand il sera seul, sera indivisible. Ces maximes ne seront pas, si vous voulez, dans le texte écrit de la loi, mais dans le code de la raison, cette loi de tous les temps.

« Voyons ce que nous pourrons trouver dans les témoins. Et d'abord quelle sera l'autorité d'un témoin quand il sera seul ? La raison a déjà répondu, et les paroles parfaitement ingénieuses de M. l'avocat général ont répondu pour moi. Deux quantités égales se détruisent : entre l'accusé qui nie et le témoin qui affirme, il faut une preuve. La raison exige deux témoins, dit Montesquieu, parce qu'un témoin qui affirme et un accusé qui nie font un partage, et il faut un tiers pour le vider. Paul Rizzi, que j'ai déjà cité, fait une très judicieuse observation : « Outre qu'un seul homme, dit-il, quelque probité qu'il ait, ou quelque prudent qu'il soit, peut être trompé ou se tromper lui-même sur le sujet dont il témoigne. » Ce que Puffendor fobserve d'après Pline le jeune mérite d'être pesé : c'est qu'il n'est pas de mensonge, quelque

hardi qu'il soit, qui ne puisse trouver un témoin :
Nullum impudens est mendacium quod teste careat.
Et il ne saurait y avoir la même crainte lorsque
deux personnes dignes de foi sont parfaitement
d'accord dans leur témoignage. Sur la foi d'un seul
témoin[1], le juge pourra bien concevoir une opinion
et la dire avec esprit dans le monde; mais comme
juré il ne pourra la présenter avec gravité dans la
Chambre du conseil. Que dirons-nous si le témoin
est un homme intéressé à faire réussir sa déclaration? s'il est placé dans une telle situation que la
vérité lui soit impossible? si c'est un ennemi de l'accusé? On comprend qu'il y aurait quelque chose de
révoltant à donner ainsi à l'intérêt, à la haine ou
bien à la vengeance, les moyens judiciaires de se
contenter. Un témoin a entendu tout seul une pro-
position, ou du moins il croit avoir entendu des
choses coupables; enfin il a fait sa déclaration : il a
besoin que sa déclaration subsiste; il plaide, il dé-

1 Les lois qui condamnent un homme après avoir entendu un
seul témoin, sont pernicieuses à la liberté.

Le bon sens demande que l'on admette au moins deux témoins;
car un témoin qui assure une chose et un accusé qui la nie, sont
deux autorités égales et opposées l'une à l'autre : c'est pourquoi il
faut qu'il y ait une troisième personne pour réfuter l'accusé, si
d'ailleurs on n'a point de preuves incontestables.

Le témoignage d'un homme est d'autant moins digne de foi,
que le crime est énorme et que les circonstances sont difficiles à
croire.

(CATHERINE II, *Instruction pour le Code de Russie*, art. 110,
111, 112, 180.)

fend ce qu'il croit son honneur, et l'accusé plaide et défend sa vie : qui pourra prononcer entre eux? Et d'ailleurs quelle garantie que le témoin ait bien entendu, bien compris? et quels ne seront pas les doutes et les craintes, si ce témoin est un homme impatient, turbulent, que la présence de la justice contient à peine? Le concours de plusieurs témoins sur un même fait est la seule voie pour parvenir à la vérification, à la preuve.

« Ajoutons qu'il ne suffit pas que plusieurs témoins se réunissent sur un fait; il faut surtout que ces témoins ne soient animés d'aucun sentiment de haine ou de prédilection.

« La confiance que mérite un témoin s'altère en raison de sa haine ou de son amitié pour le coupable. C'est sur ce motif que les législateurs anglais, considérant la haine implacable qui régnait jadis entre la nation anglaise et la nation écossaise, défendirent de recevoir le témoignage d'un Anglais contre un Écossais, ni celui d'un Écossais contre un Anglais.

« Avant d'écouter un témoin, il faut considérer s'il a quelque intérêt à dissimuler la vérité ....

« Les témoignages ne conduisent à la certitude morale que lorsqu'il est évident que le témoin n'a pas pu se tromper et n'a pas l'intention de tromper. Tout témoin qui réunit ces deux caractères, doit ou devrait être écouté. Tout témoin qui ne les présente pas, ne devrait pas même être admis au serment : appeler de semblables témoins, c'est

provoquer des erreurs et peut-être des par-
jures.

« J'ai dit que la preuve criminelle devait être
de nature à bannir toute incertitude, et que l'on
ne la trouvait ni dans les aveux, ni dans les paroles, ni dans les témoins isolés, ni dans les témoins ennemis : et c'est ici que se place le souvenir de l'un de ces mouvemens remplis de chaleur
et de noblesse qui sont familiers à l'orateur que
je combats [1]. Eh quoi! s'est-il écrié, il faut donc
que nous quittions les marques de notre dignité!
que vous, nobles Pairs, vous abandonniez cette
enceinte! Quels moyens désormais de convaincre
et de condamner!

« Prenez-y garde, nobles Pairs, je ne veux pas
vous dire que la preuve judiciaire et suffisante
ne peut jamais se rencontrer dans aucun procès
criminel. Je dis ce qui n'est pas la preuve, mais
je ne soutiens pas que la preuve est toujours
impossible. J'ajouterai que les crimes réels s'en-
vironnent inévitablement d'une sorte de notoriété
qui permet bientôt à la justice de les constater
et de les punir, et M. le procureur général trahit
lui-même la faiblesse de l'accusation. Eh! ne vau-
drait-il pas mieux, après tout, que vous ne des-
cendissiez de vos chaises curules qu'après avoir
donné des exemples rassurans à la société, que

[1] M. de Peyronnet, qui remplissait, près la Cour des pairs,
les fonctions de procureur général.

de vous voir sortir de cette enceinte après avoir fait reculer la civilisation de deux siècles en prononçant des condamnations sans preuve !

« Point de condamnation sans des preuves plus claires que le jour ; et c'est encore une maxime de notre droit, que ce vieil axiome que tous les criminalistes modernes se sont empressés de rapprocher de l'article 342 : *Quod non est plena veritas, est plena falsitas ; sic quod non est plena probatio planè nulla est probatio*. Ces maximes gouvernent tous les procès, et plus particulièrement celui que la noble Cour doit juger. Plus la nature de l'accusation est grave, plus on doit redouter l'influence des passions. Plus on est indigné, plus on a besoin d'être convaincu. Le judicieux Roehmer enseigne avec raison « que plus le préjugé a de poids et de force, plus la preuve du crime doit avoir de clarté et d'énergie ; de sorte que des témoins inhabiles ne sont pas propres, en des matières si graves, à nous en convaincre *de manière à ne laisser aucun doute*. » Dans les accusations politiques, les garanties doivent être plus fortes et plus étendues ; vérités proclamées par M. l'avocat général, et qui, depuis l'admirable discours de lord Herskine, forment désormais le droit commun de toute l'Europe civilisée [1].

---

[1] En 1820, au théâtre de Drury-Lane, Jame Hadfield tira un coup de pistolet sur le roi George III. M. Herskine, chargé de la défense de l'accusé, parla en ces termes :

« Messieurs, je reconnais, avec l'avocat général, que si, dans

« J'ai parlé à mes juges, je l'ai fait avec confiance ; j'ai parlé du droit des accusés. J'ai des observations d'un autre ordre à présenter à la noble Cour.

« Lorsque l'auguste auteur de la Charte constitutionnelle a voulu que vos Seigneuries fussent investies du droit de juger certaines accusations politiques, ce n'était pas par une sorte de défiance dans la sagesse et l'indépendance des Cours de justice. Un autre sentiment a présidé à cette importante attribution.

le même théâtre, le prévenu eût tiré le même coup sur le plus obscur des hommes assis dans cette enceinte, il aurait été conduit sur-le-champ, d'abord en jugement, et, s'il eût été déclaré coupable, au supplice ; il n'eût eu connaissance des charges dressées contre lui que par la lecture même de l'acte d'accusation. Il serait demeuré étranger aux noms, à l'existence même des hommes appelés soit à prononcer sur son sort, soit à rendre témoignage contre lui ; mais, prévenu d'une attaque meurtrière contre la personne du roi, la loi le couvre tout entier de son armure. Les propres juges du roi lui ont donné un conseil, non de leur choix, mais du sien. Il a reçu une copie de l'acte d'accusation dix jours avant le débat. Il a connu les noms, les qualités, la demeure de tous les jurés désignés devant la cour ; il a pu exercer, dans sa plus grande étendue, le privilége des récusations péremptoires. Il a joui de la même faveur à l'égard des témoins qui déposent contre lui.... La loi a fait plus encore, elle a voulu qu'un intervalle solennel séparât le jugement du crime : quel plus sublime spectacle que celui d'une nation entière légalement déclarée, pour quelque temps, incapable de rendre la justice, et cette quarantaine de quinze jours prescrite avant le débat, de peur que l'esprit des hommes ne se laissât saisir de prévention et de partialité. »

« Juges, vous êtes revêtus de la toute-puissance judiciaire ; Pairs du royaume, vous exercez encore une autre autorité. Les autres magistrats ne peuvent juger que les hommes ; vous, nobles Pairs, vous pouvez juger l'époque. Et c'est ici que je présenterai deux considérations que d'autres juges ne pourraient peut-être pas entendre.

« La première, c'est qu'il ne s'agit que d'apprécier des pensées et des projets.

« Oui, nobles Pairs, nous avons du moins cette consolation, que la tranquillité publique n'a pas été un seul instant compromise. Ce n'est pas un moyen de droit, je le sais ; mais enfin, n'est-ce donc pas la première et la plus puissante des considérations ?

Une seconde observation ressort de l'époque même dans laquelle nous nous trouvons : il me semble que s'il faut frapper sans ménagement dans les temps paisibles, parce qu'alors la sédition est sans excuse, il convient de montrer plus de clémence dans ces temps que j'appellerai transitoires, où tant d'intérêts se sont trouvés froissés ; dans ces temps surtout où les séductions sont devenues pour ainsi dire populaires. Est-ce après trente ans de révolutions que les agitations s'arrêtent tout à coup et comme par enchantement ; et ne sait-on pas qu'après la tempête les flots s'agitent long-temps encore !

FIN.

www.ingramcontent.com/pod-product-compliance
Ingram Content Group UK Ltd.
Pitfield, Milton Keynes, MK11 3LW, UK
UKHW022323070726
13614UKWH00002B/916